"Esse é um Andy clássico – acessível a qualquer um de nós que queira mudar, mas profundo o suficiente para desafiar você, caso ache que já sabe as respostas."

— MAX LUCADO,
pastor e autor *best-seller* do *The New York Times*

"Parece que, quanto mais importante é a decisão, mais difícil é tomá-la. Nesta mensagem tão necessária, Andy nos fornece a sabedoria de que precisamos e as perguntas que podemos fazer para que as nossas escolhas melhorem a nossa vida. Não sei quanto a você, mas a minha vida é complicada o suficiente sem a confusão da incerteza ou, ainda pior, sem o turbilhão do arrependimento. Este livro não é apenas um guia necessário para decisões melhores, é um manual que com certeza fará a diferença na sua vida."

— LYSA TERKEURST,
autora número 1 do *The New York Times*
e presidente da Proverbs 31 Ministries

"Andy é uma voz em que confio há muito tempo na minha vida. Uma das muitas coisas das quais gosto no Andy é que ele não mascara a verdade. Ele nos apresenta a realidade como de fato é, mas com bondade e imensa sabedoria. Este é o livro certo para o momento certo. Todos temos algumas decisões importantes a tomar. e este livro ajudará a formular as perguntas certas a serem feitas."

— BOB GOFF,
marido da doce Maria e autor *best-seller* do *The New York Times*
dos livros *O amor faz* e *Dream Big* [Sonhe grande]

"Quando éramos crianças, diziam que não podíamos fazer caretas porque poderíamos ficar daquele jeito para sempre. Em *Melhores decisões, menos arrependimentos*, Andy Stanley nos ajuda a ver uma luz de advertência que se estende muito além de mostrar a língua e franzir a testa. Nestas páginas, você descobrirá que o tempo não muda nada, apenas intensifica quem você é hoje. O você do futuro é uma versão exagerada do você do presente. No final, a vida à qual estamos "presos" é a vida que nós mesmos fazemos. Agora é a hora de mudar as escolhas para fazer que o futuro seja à prova de arrependimentos. Andy vai ensinar o caminho.

— LEVI LUSKO,
pastor da igreja Fresh Life e autor

"Andy Stanley arrasa mais uma vez! Este livro desafiador, prático e envolvente ajudará você a tomar melhores decisões e a levar a vida que realmente deseja. Se estiver procurando um livro cheio de sabedoria e ensino perspicaz, e que tenha o humor característico de Andy Stanley, então você não precisa procurar mais. Este é o livro certo! Não há palavras para descrever quanto o recomendo!"

— IAN MORGAN CRON,
autor, *The Road Back to You*

Uau, neste livro Andy usa percepções, discernimento e até mesmo humor para trazer imensa clareza às decisões que modificam a vida e que todos temos que tomar em algum momento. Decidir comprar o livro agora pode absolutamente levar você a menos arrependimentos no futuro.

— MICHAEL JR.

melhores
decisões,
menos
arrependimentos

Dados Internacionais de Catalogação na Publicação (CIP)
(Câmara Brasileira do Livro, SP, Brasil)

Stanley, Andy
    Melhores decisões, menos arrependimentos : 5 perguntas para ajudar a determinar o seu próximo passo / Andy Stanley. — 1. ed. — São Paulo : Editora Hábito, 2023.

Título original: Better Decisions, Fewer Regrets

    ISBN 978-65-84795-15-0
    e-ISBN 978-65-84795-16-7

    1. Tomada de decisão — Aspectos religiosos — Cristianismo — Problemas, exercícios, etc. 2. Vida cristã — Problemas, exercícios, etc. I. Título.

22-128842
    CDD-248.4

Índices para catálogo sistemático:

1. Vida cristã 248.4
Aline Graziele Benitez - Bibliotecária - CRB-1/3129

ANDY STANLEY

melhores decisões, menos arrependimentos

5 PERGUNTAS PARA AJUDAR A DETERMINAR O SEU PRÓXIMO PASSO

EDITORA HÁBITO
Avenida Recife, 841 — Jardim Santo Afonso — Guarulhos, SP
CEP 07215-030 — Tel.: 0 xx 11 2397-1019
contato@editorahabito.com.br — www.editorahabito.com.br
/editorahabito   @editorahabito

■ **MELHORES DECISÕES, MENOS ARREPENDIMENTOS**
© 2023, Andy Stanley
Originalmente publicado em inglês sob o título: *Better Decisions, Fewer Regrets*
Publicado com autorização contratual. Original em inglês por Zondervan.

Todos os direitos desta edição em língua portuguesa reservados
e protegidos por Editora Hábito pela Lei 9.610, de 19/02/1998.
É proibida a reprodução desta obra por quaisquer meios (físicos, eletrônicos
ou digitais), salvo em breves citações, com indicação da fonte.

■ Todas as citações foram adaptadas segundo o Acordo Ortográfico da
Língua Portuguesa, assinado em 1990, em vigor desde janeiro de 2009.

■ As opiniões expressas nesta obra refletem o ponto de vista de seus autores
e não são necessariamente equivalentes às da Editora Hábito ou de sua equipe editorial.

Os nomes das pessoas citadas na obra foram alterados nos casos
em que poderia surgir alguma situação embaraçosa.

Todos os grifos são do autor, exceto indicação em contrário.

■ Direção: Renan Menezes
Editor responsável: Gisele Romão da Cruz
Editor-assistente: Aline Lisboa M. Canuto
Tradução: Marsely de Marco
Revisão de tradução: Lettera Editorial
Revisão de provas: Vânia Valente
Projeto gráfico: Claudia Fatel Lino
Diagramação: Vanessa S. Marine
Capa: Thiago Bech

■ **1. edição:** mar. 2023

■ Esta obra foi composta em *Arno Pro*
e impressa por Exklusiva Gráfica e Editora sobre papel
Pólen Natural 70 g/m² para Editora Hábito.

Para Andrew, Garrett e Allie
Eu não poderia estar mais orgulhoso dos caminhos que
vocês escolheram e das histórias que estão escrevendo.

— PAPAI

Sumário

Introdução 11

1. Mais que uma decisão.. 17
2. A questão da integridade: Estou sendo realmente honesto comigo mesmo? 29
3. A questão do legado: Que história quero contar?........... 63
4. A questão da consciência: Há alguma tensão que mereça a minha atenção? 97
5. A questão da maturidade: Qual é a coisa mais sensata a ser feita? 123
6. A questão do relacionamento: O que o amor exige de mim? 153

Conclusão 177
Apêndice: As cinco perguntas 185
Agradecimentos... 187

Introdução

O meu pai tinha um **péssimo hábito**.

Pelo menos era isso o que eu achava.

Ele nunca me dizia o que fazer.

Especificamente, não me dizia o que fazer quando eu não sabia o que fazer e *queria* que ele me dissesse o que *achava* que eu deveria fazer.

É verdade que a maioria dos filhos não quer que os pais lhes digam o que fazer. E eu era como a maioria dos filhos na maior parte do tempo. Contudo, de vez em quando, eu queria que ele me dissesse o que fazer, mas ele nunca dizia. Pior ainda, em vez de responder às minhas perguntas, ele me fazia mais perguntas! A pergunta imediata era sempre a seguinte: O que você vai fazer quando eu não estiver por perto para lhe dizer como agir?

A minha resposta também era sempre a mesma: Mas *você* está por perto, então me diga!

Obviamente, essa resposta não indicava falta de interesse da parte dele. Era exatamente o oposto. E acabei empregando a mesma estratégia com os meus filhos... ou, ao menos, tentei. Talvez um dia eles escrevam um livro sobre isso.

A pergunta imediata dele não era a única. Durante o ensino fundamental e o médio, o arsenal de perguntas incluía uma das cinco que exploraremos mais adiante: *Qual é a coisa mais sensata a ser feita?* Quando eu era adolescente, essa pergunta incômoda geralmente eliminava a maior parte das minhas opções preferidas. Contudo, quando aceitei o desafio, acabei eliminando os arrependimentos desnecessários.

O que eu não apreciava na época, e que agora aprecio com toda a certeza, era o *porquê*. Por que todas aquelas perguntas? Por que ele simplesmente não me dizia o que achava que eu deveria fazer? A razão era simples. Ele estava me ensinando a tomar decisões, boas decisões. E começou cedo, talvez cedo demais. Contudo, a seu favor e para a minha vantagem, começou quando ainda não havia muito em jogo.

Talvez sem que soubesse, o meu pai também estava me ensinando outra coisa; e essa coisa é exatamente o objetivo deste pequeno livro. Ao optar por perguntar em vez de oferecer a resposta, o meu pai conectou dois pontos importantes para mim. Pontos que muitas pessoas nunca conectam. Ele me ajudou a fazer a conexão entre as *boas* perguntas e as *boas* decisões. Para provocar um pouco, ele me ajudou a fazer a conexão entre perguntas *bem elaboradas, feitas na hora certa* e *instigantes,* e a boa tomada de decisão. Explicando de forma bem simples, o que ele me ensinou foi o seguinte:

Boas *perguntas* levam a melhores *decisões*.

E as melhores decisões levam a menos arrependimentos.

É por isso que, por trás de uma decisão ruim, é comum ouvirmos alguém dizer: "Eu deveria ter feito mais perguntas". Por quê? Porque sabemos intuitivamente que, quanto mais perguntas fizermos, mais informações adquirimos, o que nos leva a uma compreensão maior e, quem sabe, a melhores decisões. Entretanto, fazer uma pausa para refletir sobre uma lista

INTRODUÇÃO

de perguntas potencialmente comprometedoras não é tão fácil nem tão intuitivo.

A verdade é que a maioria de nós *resiste* a perguntas indesejadas quando é preciso tomar uma decisão. As perguntas nos fazem sentir como se estivéssemos sendo *interrogados,* em vez de simplesmente estarmos respondendo a uma *pergunta.* Há grande diferença entre esses conceitos. Quando confundimos uma coisa com a outra, as nossas defesas aumentam e a nossa aptidão para aprender diminui. É praticamente impossível receber novas informações ou percepções quando estamos convencidos de que o nosso julgamento está sendo questionado. Isso se aplica especialmente à tomada de decisão. Afinal, trata-se de algo pessoal! Em outras palavras, as nossas decisões não são da conta de ninguém.

Mas sejamos honestos.

Você nunca tomou uma decisão *pessoal* que acabou reverberando em outra pessoa? Decisões privadas quase sempre têm ramificações *públicas,* certo? Toda decisão que tomamos afeta alguém, começando com as pessoas mais próximas a nós. Não há como evitar o fato de que perguntas *bem elaboradas, feitas na hora certa* e *instigantes* resultam em melhores decisões e em menos arrependimentos.

Clay Christensen, professor na Harvard Business School, disse: "As perguntas são lugares na mente aos quais as respostas se encaixam. Se você não formulou a pergunta, a resposta não tem para onde ir, pois atinge a mente e imediatamente rebate. É preciso fazer a pergunta. Precisamos saber o que desejamos saber a fim de que seja aberto o espaço para a resposta".

MIGALHAS

Os bons conselheiros entendem que nós, hominídeos, temos mais propensão a seguir adiante com as decisões *tomadas* unicamente *por nós* do que com as que nos foram *aconselhadas por outros*. Dessa forma, os conselheiros espalham cuidadosamente migalhas de pão ao longo do nosso caminho para nos levar a tomar as nossas próprias boas decisões. As migalhas de pão são... como você deve ter adivinhado... perguntas *bem elaboradas, feitas na hora certa* e *instigantes*.

Mas...

... e se você soubesse as perguntas com antecedência? E se tivesse uma lista de perguntas que pudesse *fazer a si mesmo* ao se deparar com decisões importantes? Imagine quanto dinheiro economizaria evitando tantos encontros com um conselheiro!

Brincadeirinha.

Mas nem tanto.

Falando sério agora, imagine ter uma lista de perguntas que serviria como um guia ou como um filtro para avaliar as suas opções? A ideia de um guia de tomada de decisão pode parecer estranha, mas não deveria, pois você já tem um e o usa diariamente. Apenas não tem consciência disso. Toda vez que toma uma decisão, você inconscientemente faz perguntas como:

- Isso me deixará feliz?
- Vou gostar disso?
- Isso vai me machucar?
- Isso prejudicará outras pessoas?
- Alguém vai descobrir?

Há algumas perguntas que intuitivamente fazemos a nós mesmos e que são muito úteis, mas há outras que não são, principalmente as duas primeiras. Essas duas são ingredientes essenciais na receita do arrependimento.

Você conhece essa receita?

INTRODUÇÃO

Sim. Todos nós a conhecemos.

O meu propósito, ao escrever este livro, é proporcionar a você as perguntas com antecedência. Não *todas* as perguntas. Apenas as cinco que, estou convencido, resultarão em melhores decisões e em menos arrependimentos.

A minha intenção é adicionar *cinco perguntas* ao seu arsenal existente. Cinco perguntas a serem feitas toda vez que for necessário tomar uma decisão que tenha alguma consequência. Essas perguntas são tão simples que, quando você vir a lista, pensará se ainda precisará terminar de ler o livro.

Isso depende de você.

Contudo, antes de procurar a melhor receita, reflita sobre a seguinte frase:

Não há correlação necessária entre *saber* e *fazer*.

Deveria haver, mas não há. Saber as perguntas que devem ser feitas, e pausar de verdade para fazê-las, são duas coisas completamente diferentes. E, embora nunca tenhamos nos conhecido, posso garantir o seguinte: desenvolver a disciplina de pausar e fazer essas cinco perguntas *resultará* em *melhores decisões* e em *menos arrependimentos*. Então, espero que você consiga terminar o livro. A minha esperança é que essas cinco perguntas informem a sua consciência e, desse modo, se transformem em elementos permanentes no processo de tomada de decisão.

As perguntas são as seguintes:

A questão da integridade: Estou sendo realmente honesto comigo mesmo?

A questão do legado: Que história quero contar?

A questão da consciência: Há uma tensão que merece a minha atenção?

A questão da maturidade: Qual é a coisa mais sensata a ser feita?

A questão do relacionamento: O que o amor exige de mim?

Nos capítulos 2 a 6, vamos mergulhar profundamente e decifrar cada uma das cinco perguntas. Contudo, primeiro preciso destacar uma relação extraordinariamente importante, mas fácil de passar despercebida, entre as *decisões tomadas* e o *futuro*.

CAPÍTULO 1
Mais que uma decisão

A vida é feita de decisões. Elas são tomadas todos os dias e várias vezes ao dia. Às vezes temos certeza, outras vezes não temos certeza nenhuma. Algumas pessoas são rápidas para decidir, enquanto outras (e me incluo nisso) não conseguem nem mesmo obter informações suficientes antes de tomar uma decisão. Contudo, no final, estamos onde estamos por causa das decisões que tomamos. O nosso futuro também será determinado pelas nossas decisões.

As suas decisões... juntamente com as respostas e as decisões de outras pessoas, que também reverberam em você... são a única coisa que você pode controlar na vida, o que significa que as decisões tomadas são *a forma* como a vida é controlada. As decisões são o volante, o *joystick* e o teclado. Isso significa que... as suas decisões determinam a sua história, e isso é muito importante.

É a história da sua vida.

Cada decisão se torna parte permanente das nossas histórias. Assim, devemos fazer uma pausa em todo momento de tomada de decisão para pensarmos na *história que queremos contar*. Talvez fosse mais interessante pensarmos em qual história queremos que seja contada sobre nós. A boa notícia é que é você quem decide, mas tome uma decisão de cada vez, porque a história da sua vida é escrita a cada decisão tomada.

As nossas decisões determinam a direção e a qualidade da nossa vida. As decisões tomadas definiram a direção e a qualidade da sua vida até agora — para o bem e, digamos, talvez nem tanto para o bem. Você está onde está em grande parte por causa das decisões que *já* tomou.

Então, sim, a culpa é sua.

Creio que devemos deixar isso bem claro desde o começo.

Entretanto, nem tudo são más notícias.

Arrependimento e decepção não são as únicas coisas que jorram da sua fonte de decisões. As maiores alegrias e realizações também saem do mesmo local. Moral da história: independentemente de como as coisas estão indo, ou de como foram, *você* é responsável por *si mesmo*. É você quem escreve a sua história.

Se você for como a maioria das pessoas, é provável que deseje voltar ao passado para desfazer algumas decisões, principalmente as que o levaram aos capítulos da sua vida que você gostaria de poder apagar, ou de poder reviver. Pode até ser que você tenha saído daquela época não tão gloriosa da sua vida comprometido em tomar melhores decisões no futuro. E talvez tenha conseguido. Curiosamente, a maioria das pessoas não consegue.

A maioria das pessoas não aprende com as más decisões porque está convencida de que as más decisões foram culpa de outra pessoa. Assim, enquanto permanecerem longe da "outra pessoa", não necessitam mudar nada em relação a si mesmas. Você já vivenciou algo assim. É fácil perceber essa situação quando se trata de outra pessoa. É praticamente impossível percebê-la quando olhamos no espelho.

Mais adiante, trataremos desse ponto.

MAIS QUE UMA DECISÃO

Se você pensar na última decisão que gostaria de desfazer, não terá que voltar muito no tempo. O café da manhã que você pulou. O almoço que comeu. A aula de *crossfit* à qual não compareceu. De novo. A cama que deixou desarrumada... isso faz que outra pessoa se sinta como se fosse a sua empregada. Certamente são decisões de baixo impacto, mas são decisões das quais você participou. Na verdade, você esteve presente em todas as más decisões... e em todas as boas também. Contudo, não está lendo um livro sobre tomada de decisão por ter combatido esse monstro. Então... voltemos à sua decisão mais recente que não foi tão boa.

Peço-lhe que simplesmente pare.

Pare de tomar decisões ruins. Decisões *ruins* não abrem espaço para uma vida *boa*. Decisões ruins nos relacionamentos não resultam em bons relacionamentos. Decisões ruins nas finanças não resultam em... você sabe do que estou falando.

Então, pare. E devolva este livro antes de se sentir tentado a sublinhar algo. Ah, se fosse tão fácil assim, não é mesmo? Se fosse tão fácil, não haveria uma fila tão longa nas sorveterias. Você gosta de frequentar boas sorveterias, certo? Se não... bem... desculpe ter tocado nesse assunto.

Algumas das nossas más decisões simplesmente nos envergonham, outras nos impedem de progredir. Algumas deixam marcas, outras nos paralisam. Fazer quatro pagamentos de 29,95 dólares por algo que vale apenas 29,95 dólares é embaraçoso. Contudo, 25 mil dólares em dívidas de consumo pode ser algo devastador. Escolher uma ação cujo valor supostamente deveria ser duplicado... mas que não ocorreu... acaba sendo mais uma história constrangedora a ser contada. Contudo, escolher um cônjuge apesar dos vários sinais de advertência e das dezenas de telefonemas da sua mãe... é algo completamente diferente.

É COMPLICADO

Uma razão pela qual não aprendemos com a experiência, apesar da nossa inteligência, é que a tomada de decisão é fortemente influenciada por algo mais do que as nossas experiências passadas ou até mesmo as experiências passadas de outras pessoas. As nossas decisões são fortemente influenciadas pelas nossas emoções e pelos nossos gostos. Pesquisas sugerem que não somos capazes de tomar decisões que sejam *separadas* das nossas emoções. A experiência confirma que os nossos gostos muitas vezes anulam a nossa inteligência. Por outro lado, ninguém precisa nos lembrar de nos exercitarmos e de comermos direito.

As decisões nunca são tomadas em um ambiente emocionalmente neutro. Quando se trata de decisões relativas a você, não existe um ambiente emocionalmente neutro. É por isso que, muitas vezes, é mais fácil saber o que o seu vizinho, o seu cônjuge ou o seu colega de trabalho devem fazer do que o que você mesmo deveria fazer. É por isso que dizemos coisas como: "Dizer é fácil"; ou falamos para os nossos filhos: "Faça o que eu digo, mas não o que eu faço". Isso nunca funciona.

Ambas as declarações são admissões de que *sabemos o que devemos fazer* melhor do que *fazemos*, e isso vai tanto contra a inteligência quanto contra a experiência. Entretanto, repito, as nossas decisões são governadas por forças mais poderosas do que qualquer uma dessas duas. Saber a coisa inteligente a fazer de forma alguma garante que façamos o que é inteligente. Saber a coisa certa a fazer não garante nada.

Então, o que deveríamos fazer?

Deveríamos reservar um tempo de reflexão só para nós.

Deveríamos pausar para fazer *cinco perguntas*.

Contudo, chega de falarmos sobre nós por um momento. Vamos mudar os holofotes para as "outras pessoas".

PLANEJAMENTO RUIM

Quando vemos que outras pessoas tomam o que sabemos que são decisões ruins, é como se elas estivessem minando a própria felicidade de forma estratégica e intencional. É preciso muito planejamento para se casar com alguém com quem se é incompatível. Lançar uma empresa baseada em premissas erradas e em uma análise de mercado deficiente demanda tempo e energia. Pense em toda a papelada com que os casais têm de lidar para comprar uma casa que não podem pagar, ou para solicitar um empréstimo que terão dificuldade em quitar. Na maioria dos casos, essas decisões não foram tomadas de improviso. Foi necessário planejamento.

Essas pessoas planejaram um arrependimento.

Alguma vez você já planejou um arrependimento?

Isso é lamentável.

Sinto muito.

Ninguém decide acabar com um casamento. Entretanto, todo divórcio representa o final de uma série de decisões, incluindo a decisão inicial de se casar. Ninguém decide criar filhos irresponsáveis e codependentes. Contudo, assim como você, vi pais tomarem decisões que levam os filhos nessa direção. Ninguém decide ser viciado, mas todo vício está ligado a decisões. Ninguém planeja se enterrar debaixo de uma montanha de dívidas de cartão de crédito, mas as pessoas que estão enterradas dessa forma o fizeram ao tomar uma decisão de compra desnecessária por vez.

Ninguém *planeja* complicar a vida com uma má decisão. O problema é que muitas pessoas *não planejam não fazer isso...* e foi isso o que me levou a escrever este livro. E as pessoas não *planejam* para não complicar a vida com decisões desnecessárias e completamente evitáveis. Sendo assim, não estabelecem simples salvaguardas para garantir um final mais feliz.

As cinco perguntas são uma salvaguarda.

CONVENCENDO A SI MESMO

Talvez você não seja bom em convencer as pessoas de coisa alguma, mas quando se trata de convencer a si mesmo de uma ideia ruim, você é especialista. Certo? Eu também sou. Os nossos maiores arrependimentos estão associados a convencermos a nós mesmos das coisas, das "oportunidades" e das pessoas.

Pense na sua última decisão ruim de relacionamento. Parecia certo naquele momento. Você estava apaixonado. Ou era luxúria. Ou algo do tipo. Fosse o que fosse, era algo que você estava vivenciando. E, apesar de não ter sido um momento racional, foi certamente um momento emocional. Disso podemos ter certeza. Relacionamentos são emocionais. A sua mãe tentou avisá-lo, o seu melhor amigo tentou avisá-lo, mas você lhes disse que sabia o que estava fazendo e, naquela época, tinha mesmo certeza de que sabia o que estava fazendo. Entretanto, pensando em retrospecto, você se pergunta: *O que eu estava fazendo? Eu deveria ter sido mais cuidadoso. Deveria ter escutado. Deveria ter percebido o problema que se aproximava.*

Pense no seguinte agora: a sua mais recente decisão ruim de compra.

Talvez este livro.

Espero que não.

Todos nós tomamos decisões ruins de compra. Contudo, uma vez que o nosso coração ficou com ideia fixa em algo, o que quer que seja, *não tem mais jeito*. É como se alguma coisa o tivesse dominado e, em seguida, lá está você, entregando o cartão de crédito a alguém que nem conhece para comprar algo de que não precisa e que talvez não possa ou não deva pagar.

Isso é demais tanto para o intelecto quanto para a experiência. É como se algo mais tivesse se apoderado de você.

Esse algo mais era... você mesmo. Você se apoderou de si mesmo. Começou a convencer a si mesmo. Como podemos ver, você é fascinado por si mesmo! Exploraremos essa estranha dinâmica com mais profundidade a seguir, mas, caso o "a seguir" nunca chegue, vou me adiantar e provocá-lo com uma dica: assim que *você começar a convencer a si mesmo de* qualquer coisa, deve fazer uma pausa. E a razão é a seguinte: raramente temos de convencer a nós mesmos de uma boa ideia.

Repito: raramente temos de convencer a nós mesmos de uma *boa* ideia.

E sabemos disso, não é mesmo?

Mais adiante vou contar como parar de tentar convencer a si mesmo e começar a escutar.

SURPRESA!

Os ambientes de tomada de decisão mais difíceis são os que não previmos, os que nos pegam de surpresa. Decisões sobre o que comprar, como escolher uma escola, selecionar um destino de férias ou navegar pelo menu de um novo restaurante aparecem sempre ou em algum momento da nossa vida. Contudo, ao longo do caminho, somos todos forçados a tomar decisões que nunca imaginamos que teríamos que tomar. Decisões inesperadas.

Uma oferta de emprego aparece, e você tem uma semana para decidir.

Surpresa.

Você já está em um relacionamento e, em seguida, alguém que nunca imaginava começa a mostrar interesse.

Surpresa.

Talvez você já esteja em um relacionamento... e pensou que as coisas estavam indo bem, mas descobre informações sobre o senhor ou a senhora Perfeita e tem de decidir se toca o barco ou se olha para o outro lado.

Surpresa.

Decisões surpresa. Você não as odeia? Se você é pai, as decisões surpresa são um modo de vida. Em algum ponto do caminho, você pode até ter dito: "Gostaria de não ter que decidir" ou "Gostaria que alguém decidisse por mim".

O desafio das decisões surpresa é o prazo. Geralmente, o curto prazo. E, como o prazo geralmente é curto, raramente temos tempo para obter as informações de que precisamos para tomar uma boa decisão. Contudo, a decisão deve ser tomada!

Se você já se viu em um relacionamento tóxico, sabe sobre o que estou falando. Por tóxico, quero dizer o relacionamento que não era bom para você. A outra pessoa não era necessariamente ruim, mas era ruim para você. Juntos, vocês estavam mal. As coisas começaram bem, mas, com o tempo, deixaram de ser saudáveis e se tornaram tóxicas. Como a maioria das pessoas que vive relacionamentos tóxicos, você minimizou o mal e se concentrou no bem. Afinal de contas, você gostava dele, mas estava se tornando cada vez mais parecida com ele. E não necessariamente gostava daquilo que estava se tornando.

Então alguém esclareceu as coisas para você.

E isso acarretou uma decisão a ser tomada.

Uma decisão que você nunca pensou que teria que tomar, uma decisão que não queria tomar, uma decisão que estava tentando evitar. Qualquer que fosse a decisão tomada, você sairia perdendo. Perderia um amigo ou continuaria perdendo a si mesma. Teria que optar por uma coisa ou por outra. Talvez você esteja vivenciando uma situação como essa agora mesmo. Talvez por isso mesmo alguém lhe deu este livro. Esse é sempre um lugar terrível para se estar.

Boa sorte.

Na verdade, continue a leitura.

E reflita sobre a seguinte afirmação: a perspectiva que a maioria das pessoas considera ser a *última*, na verdade, deveria ser considerada a *primeira*.

SUAS IMPRESSÕES DIGITAIS NO FUTURO

Legado é um termo não muito usado na nossa cultura. Isso é lamentável.

As decisões que tomamos determinam o nosso legado, a nossa marca e as nossas impressões digitais no futuro. Pensar em termos de legado traz extraordinária clareza e contexto para o processo de tomada de decisão, e é isso o que descobriremos ao fazermos a pergunta número dois.

A verdade é que não sabemos o que está na balança das nossas decisões. Não podemos prever os resultados com precisão. Mas... e esse é um mas enorme... sabemos com certeza que existem resultados associados a cada uma das nossas decisões, mesmo as pequenas. Uma pausa de 5 minutos para refletir sobre os resultados geracionais pode fazer toda a diferença.

Como nunca sabemos o que está na balança das decisões que tomamos, devemos a nós mesmos... e aos outros... especialmente aos outros... refletir sobre os resultados de longo prazo. Levamos uma vida inteira para que os resultados de algumas decisões apareçam. Em alguns casos, gerações. Por exemplo (e garanto que isso é um pouco extremo), e se George Washington tivesse decidido permitir que o Congresso o proclamasse rei? Pense nas implicações dessa única decisão. Os benefícios nacionais de sua decisão de recusar a coroa levaram gerações a se desenvolverem.

E se o dr. Martin Luther King Jr. tivesse decidido ficar no norte e permanecer em silêncio sobre o que sabia que estava acontecendo no sul? As consequências de sua decisão de sair da zona de conforto continuam a se desenrolar até os dias de hoje.

Eu sei, você não é George Washington nem o dr. King, mas gerações de pessoas podem muito bem ser impactadas pelas suas decisões. Na verdade, se você planejar trazer crianças para este mundo, ou se já trouxe crianças para este mundo, sabe com certeza que as suas decisões pessoais têm implicações geracionais.

Não está convencido disso?

Então, vamos mudar esse pensamento.

Pense em como a sua vida seria diferente se os seus pais ou avós tivessem tomado decisões diferentes sobre algumas coisas importantes. Os seus avós ou pais tomaram o que pareciam ser algumas poucas decisões insignificantes, mas essas decisões determinaram a trajetória da sua vida, não é mesmo? Em alguns casos, determinaram até se você teria uma vida ou não. Eles não estavam pensando em você naquela época. Você nem sequer existia para que pensassem em você. Entretanto, você foi impactado pelas decisões deles, para melhor ou para pior.

Talvez a sua vida fosse muito diferente se o seu pai não tivesse escolhido continuar pegando aquela garrafa, ou quem sabe você conhece alguém cuja vida seria diferente se a mãe não tivesse fugido e abandonado a família.

O contrário também é verdadeiro.

Talvez o seu pai tenha superado esse hábito e mantido a família unida, talvez a sua mãe tenha escolhido ficar quando outra mulher no lugar dela teria partido. A questão é a seguinte: nunca sabemos o que (nem quem) está na balança das decisões que tomamos, mas sabemos que decisões privadas têm consequências públicas. As suas decisões privadas provavelmente não permanecerão privadas. As suas decisões pessoais afetarão outras pessoas.

Sei que você quer fazer a coisa certa e quer escrever uma história que vale a pena ser contada. Estou convencido de que consegue fazer isso.

Essas cinco perguntas, quando feitas de forma consistente, garantirão que no futuro valerá a pena comemorar as suas impressões digitais.

Então, vamos começar.

CAPÍTULO 2

A questão da integridade

Estou sendo realmente
honesto comigo mesmo?

A pessoa mais fácil de enganar é a pessoa para quem olhamos no espelho.

Não deveria ser assim, mas é.

Falaremos sobre o porquê em um ou dois parágrafos. Contudo, por enquanto, vamos refletir sobre isso. Na verdade, permita-me lembrá-lo: você convenceu a si mesmo... enganou a si mesmo... em todas as decisões ruins que já tomou. Pior ainda, você foi o cérebro por trás da maioria das suas lamentáveis decisões: financeiras, de relacionamento, profissionais e acadêmicas.

Você esteve presente e participou voluntariamente de todas elas. Fez mais para minar o próprio sucesso e progresso do que qualquer outra pessoa no planeta. Certamente houve pressões externas, outras vozes, pessoas prometendo coisas para você, talvez até o ameaçando com algo, porém, no final, foi você quem decidiu. Contudo, na maioria dos casos, você não decidiu avaliar cuidadosamente todas as opções e buscar conselhos sábios. Você fez exatamente o contrário.

Em muitas ocasiões, talvez até na maioria delas, você sabia o que deveria fazer, ou ao menos deveria saber. Entretanto, como mencionamos anteriormente, você ignorou o que *sabia que deveria fazer* e começou a convencer a si mesmo do que queria naquela ocasião.

É constrangedor. Ensinamos as crianças a não participar desse tipo de bobagem. E não estou acusando ninguém especificamente. Também participei de todas as minhas decisões ruins. E, sim, em muitas situações, eu sabia o que deveria ter feito.

Então, o que acontece?

O que acontece é que, quando se trata de uma boa tomada de decisão, enfrentamos o nosso maior desafio todas as manhãs em frente ao espelho. A autoliderança é o maior desafio de liderança que todos enfrentamos. Entretanto, a autoliderança é um componente fundamental para o nosso sucesso em todas as áreas da vida. Você nunca será um líder digno de ser seguido se não liderar a si mesmo, e bem. Embora isso seja evidente para quem tem um papel oficial de liderança organizacional, deveria ser igualmente evidente para quem é pai.

Se você tem filhos, as consequências das suas decisões são consequências que uma pessoa que você ama será forçada a viver. A sua autoliderança terá grande impacto em outras pessoas.

Pense nisso.

Se você quer ou não ser como seus pais, vai depender da forma como eles mesmos se autolideraram, e não do que exigiram nem do que ensinaram a você. E se os *seus* filhos vão querer ou não ser como você... vai depender da mesma coisa.

E o motivo é o seguinte: a autoliderança excepcional, não a autoridade, é a chave para uma influência sustentada. Raramente nos abrimos para a influência de pessoas que não respeitamos, mesmo que elas exerçam autoridade sobre nós.

A QUESTÃO DA INTEGRIDADE

Dessa forma, não importa se estamos falando sobre a vida profissional ou a vida pessoal, uma liderança excepcional é importante. A sua influência não vai se perpetuar se você não se autoliderar bem em primeiro lugar. Os grandes líderes se perpetuam porque lideram primeiramente a si mesmos.

Contudo, tenha em mente um desafio: você não pode *liderar a si mesmo* se estiver *mentindo* para si mesmo.

Você já tentou alguma vez liderar um mentiroso? É praticamente impossível liderar um mentiroso. Em ambientes profissionais, um mentiroso é *despedido*. Mais adiante, vou desafiá-lo a fazer exatamente isso. Despedir a versão desonesta de você para contratar um novo você... um você honesto... que sempre diz a verdade, mesmo quando isso o faz se sentir mal sobre si mesmo. Além disso, a desonestidade é algo que se espalha. Minta para si mesmo, e você vai mentir para os outros. Para a sua informação, se você tiver dificuldade em dizer a verdade a outras pessoas quando a verdade o faz parecer mal... provavelmente você não está sendo honesto consigo mesmo. Isso funciona nos dois sentidos.

Sabemos por experiência que a desonestidade corrói a credibilidade e mina a autoridade moral. Da mesma forma, quando somos desonestos conosco, a credibilidade em nós mesmos também é corroída. Sei que parece estranho; entretanto, quando mentimos em voz alta, o que fazemos imediatamente dentro de nós? Na nossa cabeça?

Justificamos a mentira.

A quem?

A nós mesmos.

É algo que temos de fazer. Do contrário, estaremos em desacordo conosco — um estado que as pessoas sãs não conseguem manter por muito tempo. Contudo, as nossas justificativas internas e privadas são... digamos..., na melhor das

MELHORES DECISÕES, MENOS ARREPENDIMENTOS

hipóteses, meias-verdades. Meias-verdades nas quais acreditamos! Mentirosos mentem. Você não é mentiroso, certo? Então, por que mentiu? E lá vai você criar uma narrativa para salvar a sua autoestima instável. E depois... bem, depois, você escolhe acreditar! E por que iria acreditar em uma narrativa criada por você mesmo? Simplesmente porque você é fascinado por si mesmo e consegue convencer-se de praticamente qualquer coisa.

Eu também.

Não pratiquei esportes no ensino fundamental nem no ensino médio. Pelo menos, não de forma oficial. Entretanto, quando estava longe de casa e alguém perguntava — particularmente as meninas bonitas e os rapazes atléticos — se eu praticava esportes na escola, eu imediatamente respondia: "Eu fazia atletismo e jogava futebol". Tecnicamente era verdade. Corri ao redor da pista nas aulas de educação física e joguei futebol. Mas não era isso que as pessoas estavam perguntando e eu sabia disso. Eu mentia. Por quê? Bem, é fácil saber a razão; contudo, demorei um pouco para conseguir descobrir o motivo. Olhando em retrospecto, quero culpar o desenvolvimento do lobo frontal. Mas a verdade é...

A *verdade* é mais difícil de reconhecer do que queremos admitir. Mas devemos admiti-la.

A verdade é que, no ensino médio, se você não era atleta, simplesmente não existia. Não era nada. Claro que isso também não era verdade. Mas era o que parecia. Então, criei uma narrativa praticamente falsa e a apresentava sempre que a minha instável autoestima se sentia ameaçada.

A autora e professora Erin Brown define uma narrativa falsa como uma "Verdade Plástica". Ela escreve:

A QUESTÃO DA INTEGRIDADE

O que dizemos repetidas vezes na nossa cabeça se torna nossa Verdade Plástica. Com o tempo, essas partes falsas da história, esses pedaços que inventamos, realmente ficam cristalizados nas lacunas entre a Verdade.

As narrativas falsas tornam-se uma muleta. A fim de evitar erros, contamos histórias para nós mesmos... É muito mais fácil criar uma história culpando outra pessoa do que enfrentar as coisas difíceis da vida.[1]

Há alguma narrativa falsa que você carrega por aí caso precise usar? Carregue-a por muito tempo e você verá que o falso vai se transformar praticamente em verdadeiro. Quando isso acontece, você está a poucos passos de ser definido como uma Verdade Plástica.

Os meus amigos dos Alcoólicos Anônimos, dos Narcóticos Anônimos e da Associação de Consumidores repetidamente me lembram que *a honestidade radical é a primeira regra para a recuperação*. Eles dizem que a desonestidade alimenta os vícios de todos os tipos. Todo vício está ao final de uma série de decisões, decisões muitas vezes alimentadas e protegidas por uma falsa narrativa, uma narrativa que começa principalmente como se fosse verdadeira e, a partir daí, é corroída. Nada muda até que sejamos brutalmente honestos com a pessoa que vemos no espelho.

Sendo assim, por que esperar até que algo precise mudar?

Seja sincero consigo mesmo, ainda que isso o faça sentir-se mal consigo mesmo.

E o que a "Verdade Plástica" e as falsas narrativas têm a ver com a tomada de decisões?

---

[1] BROWN, Erin M. **Why 'False Narrative' Is Your Worst Enemy**. [Por que a falsa narrativa é nosso maior inimigo, numa tradução livre]. Disponível em: https://erinbrownconroy.blog/2017/06/02/why-false-narrative-is-your-worst-enemy/comment-page-1/. Acesso em: 30 set. 2022.

Uma premissa falsa resultará em uma decisão errada.

Não há como tomar a melhor decisão *para si mesmo* enquanto você não for honesto *consigo* mesmo.

Além disso, se você não for honesto sobre o *motivo* de escolher o que escolheu, terá dificuldade em assumir a responsabilidade pela consequência da escolha. Temos um adjetivo para pessoas que se recusam a assumir responsabilidade por suas decisões:

Irresponsável.

A falta de franqueza no processo de tomada de decisão geralmente resulta em uma incapacidade de participar da consequência. Isso cria uma espiral descendente e viciosa que deixa as pessoas aquebrantadas e confusas. Quer ser aquebrantado e confuso? É claro que não. Então, elimine as narrativas falsas, plásticas, quase verdadeiras, criadas por você mesmo, e dê um beijo de despedida em todas elas.

Bem, não as beije.

Pode parecer mais difícil do que você pensou a princípio. Na verdade, o primeiro passo a dar é ser honesto consigo mesmo sobre o fato de que nem sempre você é honesto consigo mesmo! Cada viagem começa com um primeiro passo.

Então, para decidir o nosso caminho rumo a um futuro melhor, devemos desenvolver o hábito incômodo de dizer a nós mesmos a verdade incômoda sobre o *porquê* de escolher o que escolhemos fazer. Isso nos leva finalmente à primeira das cinco perguntas que todos devemos sempre fazer:

Pergunta número 1: A questão da integridade
Estou sendo honesto comigo mesmo?

É possível que você não deva isso a mais ninguém. Contudo, deve a si mesmo ser honesto sobre a razão de escolher o que escolheu, e de decidir o que decidiu. Não existe vitória em convencer a si mesmo. Não há vitória em justificar opções.

Apenas diga a si mesmo a verdade.

Isso ajudará você a fazer essa pergunta duas vezes. Contudo, na segunda rodada, adicionar uma palavra o ajudará.

- Estou sendo realmente honesto comigo mesmo?
- Por que realmente estou fazendo isso?
- Por que realmente estou evitando isso?
- Por que realmente estou adiando isso?
- Por que realmente continuo inventando desculpas?
- Por que realmente estou indo?
- Por que realmente eu disse sim?
- Por que realmente escolhi usar isso?
- Por que realmente escolhi comprar, financiar isso?
- Por que realmente dirijo isso?
- Por que realmente pedi isso?
- Por que realmente me mudei?
- Por que realmente estou me mudando?

Como mencionado anteriormente, quando se trata de convencer a nós mesmo a respeito de ideias ou decisões ruins, somos os melhores. Quando se trata de convencer a nós mesmos a fazer a coisa errada, somos especialistas. Quando se trata de construir e argumentar por que devemos fazer algo que sabemos que não devemos fazer, somos tolos litigantes e inexpugnáveis. Todos merecemos títulos honorários em direito.

Então, vamos deixar tudo isso para lá.

Apenas diga a si mesmo a verdade nua e crua, sem filtros.

Não vai doer nada. Bem, pode ferir o ego, pode ferir os próprios sentimentos, pode constranger... a si mesmo. Contudo, no fundo, isso vai ajudá-lo. Apropriar-se do verdadeiro *porquê* escondido atrás do *que* pode fazer que as luzes se acendam. As luzes podem ser assustadoras. As baratas e os ratos certamente concordam com isso. Assim como a luz pode agir como um inseticida, a verdade pode fazer o mesmo. As duas caminham de mãos dadas. Assim, traga as suas narrativas, as suas justificativas e as suas desculpas para a luz. Você pode aprender alguma coisa com isso.

Vamos começar com algo simples. Sobremesa.

Pense na sua última sobremesa. Você se lembra do que disse a si mesmo? "Como não comi sobremesa no almoço, comer um pouquinho de sobremesa agora não vai fazer mal algum."

Como assim?

Que tipo de argumento é esse para comer sobremesa no jantar?

Não faz sentido. A maioria das nossas justificativas privadas não faz. Mas isso não nos impede de aproveitá-las. Grande parte da nossa conversa interior não faz sentido algum. Você não acredita em mim? Da próxima vez, diga em voz alta. Ouvir as palavras, em vez de apenas pensar nelas, faz que assumam um novo significado. Na verdade, dá a elas um significado menor e elas acabam não fazendo sentido algum.

Ou que tal este tipo de argumento?

"Tenho trabalhado muito. Mereço comer um docinho."

A QUESTÃO DA INTEGRIDADE

O que trabalhar duro tem a ver com a ingestão de algo, sabendo que o seu corpo ficaria muito melhor sem isso? Ou que tal este outro argumento? "Estou planejando me exercitar amanhã." Essa é realmente uma razão para *não* comer a sobremesa. Você entendeu o que quero dizer.

Viemos ao mundo com propensão para convencer a nós mesmos do que queremos fazer, em vez do que devemos fazer. Sou fascinado por mim mesmo. Você é fascinado por si mesmo. Assim que vemos algo que queremos, começamos a nos convencer disso.

Contudo, tudo isso é apenas uma maneira educada de dizer que *mentimos* para nós mesmos e acreditamos nas nossas próprias mentiras.

Certamente, uma sobremesa extra de vez em quando não é o fim do mundo. É apenas o fim da dieta. Entretanto, há decisões das quais todo o seu futuro depende. Você convence a si mesmo de algumas coisas e paga por elas. Em alguns casos, acaba pagando pelo resto da vida.

Você já foi preso por dirigir alcoolizado ou teve uma condenação criminal, e a sua ficha suja acaba sempre exposta nos momentos mais inoportunos? Você tem um ex que sempre volta para pedir mais dinheiro? Recebe ligações de um cobrador de dívidas? Não gostaria de poder voltar no tempo para convencer a si mesmo a sair, em vez de ter entrado, na tomada de decisão que causou essas consequências? Certamente sim. Como Steven Covey declarou:

> "Não devemos usar palavras para sair de uma situação que foi causada pelo nosso comportamento".

Isso é absolutamente verdade. E também é verdade que nos convencemos do comportamento que criou o problema do qual estamos tentando nos livrar. Os nossos problemas geralmente começam quando seguimos os nossos próprios maus conselhos. E a culpa é toda nossa. Todos nos convencemos a fazer coisas das quais não conseguimos nos livrar.

OS 3 DS

Graças ao meu trabalho diário, conheço bem as três categorias de decisões que geram a maioria dos arrependimentos:

- Compras
- Relacionamentos
- Hábitos

Muitas vezes, essas três categorias estão inter-relacionadas. Um hábito caro pode arruinar um relacionamento. Um relacionamento abusivo pode levar uma pessoa a um hábito caro. A causa número 1 de tensão no casamento são problemas financeiros relacionados aos maus hábitos econômicos de alguém.

É bem provável que todos os seus maiores arrependimentos possam ser encontrados em uma dessas três categorias. É importante notar que existem compras responsáveis, relacionamentos maduros e hábitos saudáveis. Dessa forma, o problema não é a categoria. O problema vem do adjetivo que a nossa tomada de decisão falha nos leva a associar com cada categoria. Vamos nos referir a elas ao longo do livro como os *3 Ds*.

- Compras **d**esmedidas
- Relacionamentos **d**estinados ao fracasso
- Hábitos **d**estrutivos

A QUESTÃO DA INTEGRIDADE

Vamos começar com a primeira categoria.

Compras desmedidas

Sou fascinado pelas frases: "Pode ser que você também goste" e "Clientes que compraram isso... também compraram aquilo". Como eles sabiam disso? E como posso dizer não? Muitas vezes não digo. Mas também não me preocupo muito se compro um livro que talvez nunca venha a ler, um equipamento que raramente vou utilizar, ou uma camisa que usarei uma vez e passarei para um dos meus filhos. Todos nós fizemos compras desmedidas das quais rimos depois. Entretanto, antes de entrar no mérito do seu grande arrependimento relacionado a compras pessoais, quero que você pense no diálogo interno associado às compras inofensivas, acessíveis e espontâneas. O que você disse a si mesmo?

Não foi como se estivesse em uma concessionária de carros com um vendedor o pressionando, certo? É bem provável que você estava sozinho, olhando para *pixels* na tela do computador. Você pressionou a si mesmo. Vendeu a si mesmo. Convenceu a si mesmo. O que lhe pareceu na ocasião? Qual foi o argumento? Isso é importante. Não é importante por causa do que você comprou. É importante para que você reconheça... sem ofensas... a lógica juvenil que usou para justificar a compra. É importante porque os processos de pensamento pouco racionais que usamos para justificar compras inofensivas são os mesmos usados para justificar as que não são tão inofensivas.

Começo essa explicação de forma alegre e com baixo risco porque sei que você admitirá com mais facilidade as justificativas questionáveis que usou para a blusa que não era exatamente o que estava procurando ou aquele disco rígido de que não precisava tanto quanto o financiamento do carro que adoraria quitar.

Se um vendedor de verdade usasse o mesmo argumento que você usou consigo mesmo, ele teria sido tão convincente?

Não muito.

Você poderia se sentir ofendido.

"Se você chegar em casa e decidir que não gosta de algo, doe."

"Compre; você tem como pagar."

"Você já tem um aparelho que faz tudo que esse faz, mas esse é mais novo."

Tudo o que você comprou e que gostaria de empacotar para receber um reembolso... você se convenceu a comprar. O mesmo vale para artigos de grande valor.

O vendedor de carros passou informações que respaldaram a decisão que você já queria tomar. Você não pode culpá-lo. Toda essa dívida que você tem, ninguém o obrigou a passar o cartão. Quem o convenceu a fazer esse pagamento mínimo mês após mês após mês? Você mesmo se convenceu. Você vendeu essa ideia para si mesmo.

Mas qual foi o seu argumento?

Como você fez isso?

Como você faz isso?

Você deveria saber, pois muito em breve fará a mesma coisa novamente.

Você é rigorosamente honesto consigo mesmo quando se trata da forma como gasta o seu dinheiro? Não estou preocupado com o que você compra. Isso é problema seu. Estou preocupado com o que você diz a si mesmo antes da transação.

Ouça com atenção da próxima vez.

Vamos à segunda categoria, ao segundo D.

Vou tentar ser mais rápido.

Relacionamentos destinados ao fracasso

Talvez você esteja vivenciando um relacionamento desse tipo neste exato momento da sua vida. Espero que não.

Talvez após dois encontros você já tenha percebido que não era um bom relacionamento, se é que deu para chamar as ocasiões de encontros. Uma parte do seu cérebro tentava convencer a outra parte de que a pessoa não era quem você estava esperando toda a sua vida, porém, a outra parte do seu cérebro começou a fazer a venda. Lembra-se do seu argumento? Algo parecido com isso:

"É verdade, ele não tem emprego. E já faz tempo que não tem. Mas é um cara tão legal. Está apenas esperando a oportunidade certa. O fato de ainda viver com os pais... é porque é um homem de família. Sim, é isso. Ele valoriza a família. Além disso, ele prometeu me pagar o que deve, disse que me pagaria com juros. E daí se a minha mãe não aprova? Ela não é a namorada dele. Eu é que sou!"

Imagine se um amigo usasse essa mesma incoerência para tentar convencer você a sair com o irmão dele.

"Ele é perfeito para você. Não, ele não tem emprego. E já faz tempo que não tem..."

Vou poupá-la disso.

Praticamente todos os itens da lista seriam argumentos negativos vindo dos lábios de outra pessoa. Contudo, quando são originados na nossa mente, acaba sendo diferente. E é o que torna isso muito perigoso.

E quanto aos homens?

"É verdade, ela é meio manipuladora. E já admitiu que não é boa com dinheiro. Está constantemente mandando mensagens ao antigo namorado. Diz que ele deve dinheiro a ela.

Mas ela é divertida. E você a viu, certo? Ela tem um gosto bem refinado em restaurantes... gostos caros..., mas acho que é porque valoriza a qualidade."

Por outro lado, se outra pessoa usasse esse argumento com você...

Pensando em retrospecto, não sabemos como não percebemos os sinais. Como pudemos ter sido tão "sem noção"? Contudo, o problema não é sermos sem noção. O problema é que, como qualquer bom vendedor, nós nos ajudamos a ver o que queremos ver... enquanto ignoramos todas as luzes de advertência piscando bem à nossa frente.

Mais à frente, detalharei os motivos que nos levam a agir dessa forma.

Hábitos destrutivos

Há também os hábitos destrutivos, claro.

Se você não os têm ou não conhece alguém que os tenha, sinta-se à vontade para pular essa parte.

Lembre-se da primeira vez que você fez... o que quer que você faça que não consegue parar. Lembra-se do que o vendedor dentro de você sussurrou? Eu me lembro, e eu nem estava lá: "Você dá conta disso". Seguido de alguma versão de: "Não se preocupe, sempre será o dominador, nunca será o dominado". E você acreditou em si mesmo. Mas o que começou como um passatempo agradável acabou resultando em um caminho. Um caminho que levou a um hábito. Talvez a um vício. Um vício que poderia ter sido evitado... como aquele relacionamento destinado ao fracasso e aquelas decisões de compras desmedidas... se você tivesse feito uma pausa e perguntado: Estou sendo realmente honesto comigo mesmo? Por que realmente estou fazendo isso?

A QUESTÃO DA INTEGRIDADE

A frase seguinte a esta é tão importante que a adicionei para garantir que você não a leia com tanta pressa que ela passe despercebida.

Raramente precisamos convencer a nós mesmos de uma *boa* ideia.

Raramente precisamos convencer a nós mesmos da coisa certa a fazer, da coisa saudável a fazer, da coisa responsável a fazer. Você sabe disso. Boas ideias raramente precisam ser defendidas. Quando você começar a tentar convencer a si mesmo, precisa apertar o botão de pausa e perguntar: "Estou sendo realmente honesto comigo mesmo? Se estou, por que estou tentando convencer a mim mesmo a respeito disso?". A coisa sábia a fazer é geralmente tão persuasiva que não é necessário convencimento algum.

Veja como funciona:

O nosso coração se envolve com algo ou com alguém e experimentamos o desejo. Queremos algo. Dessa forma, o coração envia uma mensagem ao cérebro: "Ei, cérebro, quero isso. Arrume uma forma de justificá-lo e consegui-lo para mim". O nosso cérebro é inteligente. É por isso que o chamamos de cérebro. E o nosso cérebro sabe que, por mais que seja difícil justificar um *desejo*, não é tão difícil justificar uma *necessidade*. Assim, a primeira coisa que o cérebro faz é atualizar a mensagem para algo muito mais sofisticado do que o simples *querer*. O cérebro diz: "Você PRECISA disso".

Uma vez que estamos convencidos de que PRECISAMOS de algo, é fácil vender essa ideia a nós mesmos. Em pouco tempo, temos uma lista de justificativas para comprar, beber, ficar, sair, mentir, convidar alguém para sair ou para entrar. Mas as razões que usamos para convencer a nós mesmos dessa ideia não são realmente razões. São *justificativas*. Justificativas do que queremos fazer. Dessa forma, essa é a segunda versão da mesma ideia que destaquei anteriormente.

Raramente é preciso *justificar* uma *boa* ideia.

Justificar é semelhante a dizer uma mentirinha. É apenas uma mentirinha para você mesmo. E, na maioria das vezes, você sabe disso. Contudo, ouvimos o nosso raciocínio confuso e complicado até realmente acreditarmos nisso. E, uma vez que isso começa, é muito difícil sermos honestos conosco, não é mesmo? Há sempre um conflito interno entre as opções que sabemos intuitivamente que devemos escolher e as opções que somos tentados a escolher, entre as opções que são as melhores para nós e aquelas que vendemos a nós mesmos.

Por outro lado, quando se trata de convencermos a nós mesmos a respeito de ideias ruins, somos incríveis, o que é muito estranho, pois, ao mesmo tempo, estamos todos 100% comprometidos com o que é melhor para nós, pelo menos na nossa mente, mas nem sempre nas nossas decisões. Você quer ser saudável? Claro que sim. Todos queremos. Mas todos decidimos o contrário sempre que nos sentamos para comer. Você quer ter uma situação financeira saudável assim como um relacionamento saudável? Claro que sim. Novamente, todos queremos. Por que, então, estamos tão propensos a decidir exatamente o contrário?

Por que o autocontrole é tão difícil para nós mesmos quando juraríamos que queremos o que é melhor para nós mesmos?

Estranho, não é?

Todos nos olhamos no espelho e perguntamos:

"Por que fiz isso?" "Novamente."

Outra forma de fazer a mesma pergunta é: "Por que decidi fazer isso de novo?". O que nos leva a uma pergunta que quero abordar à medida que encerramos este capítulo.

A QUESTÃO DA INTEGRIDADE

Por que *somos* tão propensos ao autoengano?

Por que mentimos para nós mesmos?

Por que mentimos sobre nós mesmos?

Por que nos convencemos de coisas das quais nos arrependemos depois?

Mais importante, como podemos parar?

Primeiro o porquê, depois o como.

FILTROS

Quando se trata de *por que* temos dificuldade de dizer a nós mesmos a verdade, os psicólogos sugerem que, na realidade, a culpa não é toda nossa.

Amemos os psicólogos.

Aparentemente, somos vítimas de um viés cognitivo denominado viés de confirmação. O viés de confirmação é a tendência que todos temos de buscar informações ou argumentos que defendam aquilo em que já acreditamos e as razões que sustentam o que já estamos dispostos a fazer. O viés de confirmação nos capacita a ver o que queremos ver e a ouvir o que queremos ouvir, desconectando-nos de tudo o que argumenta o contrário. Buscar informações para confirmar as nossas suposições é algo que acontece naturalmente. Procurar proativamente ou até mesmo estar aberto a informações que argumentem o contrário é incomum. É antinatural. Se quisermos imensamente que algo seja verdadeiro, as estrelas se alinham magicamente, pelo menos na nossa mente. E todas as informações contrárias àquilo em que acreditamos são filtradas. Não somente não somos objetivos nas nossas análises, como também queimamos calorias para não fazermos análises objetivas. Ficamos engessados às nossas suposições e preconceitos.

Os Estados Unidos estão atualmente divididos em relação a três questões sobre as quais você provavelmente tem uma opinião: aborto, controle de armas e mudanças climáticas. São assuntos que, para a maioria das pessoas, não permitem manter o emocional neutro. Pelo que sei, não há informações secretas sobre esses três tópicos. As estatísticas, a história e a ciência estão disponíveis para todas as pessoas interessadas em descobri-las. Se você for honesto... e este é o ponto deste capítulo... provavelmente nunca foi proativo em buscar informações contrárias à sua opinião acerca dessas três questões polêmicas, certo? Contudo, quando esbarra em algo que apoia o seu ponto de vista, você fica todo animado, repassa aos amigos e posta o *link*.

A moral da história é... e você vai me odiar por isso... que a maioria de nós quer provar que tem mais *razão* antes de querer saber o que é *verdade*. Não estamos em busca da verdade. Estamos em busca da confirmação.

O viés de confirmação explica em parte por que mães e filhas chegam a conclusões opostas sobre o mesmo menino. Os teístas olham para a natureza e concluem que há um *design* e que alguém o fez, enquanto os não teístas não veem nenhum dos dois. Para os democratas, o presidente Obama não fazia nada errado. Para os republicanos, tudo o que ele fazia estava errado.

Claro, *nenhum* deles estava correto.

Isso provavelmente desencadeou o viés de confirmação.

Furtivo.

Saiba que até o presidente Obama admitiu ter cometido erros. Saiba que todo presidente comete erros. Entretanto, enquanto um presidente estiver no poder, o nosso viés de confirmação é mais forte do que qualquer realidade política ou cultural. E isso não vai mudar e provavelmente não causará mal

A QUESTÃO DA INTEGRIDADE

algum a você. Contudo, em nível pessoal, querer provar mais do que querer saber o que é verdadeiro vai minar a capacidade de tomar boas decisões. Pior ainda, praticamente vai garantir as decisões ruins. A busca de confirmação é uma busca perigosa, pois impede que vejamos o que pode nos ferir, e se constitui de tal forma que escolhemos livre, alegre e confiantemente a opção errada.

Todo mundo é uma vítima potencial do viés de confirmação. Aqueles que escapam de suas garras são pessoas excepcionais que reconhecem o que está acontecendo e procuram obter informações que não se alinham a seus vieses. Contudo, este é um indivíduo raro, e seu comportamento exige segurança extraordinária e uma dose especial de curiosidade.

NADA NOVO

O termo "viés de confirmação" foi usado inicialmente pelo psicólogo inglês Peter Watson na década de 1960. Contudo, essa característica é observada há muito mais tempo. Francis Bacon, outro inglês, fez a seguinte observação, no século XVII:

> O intelecto humano, quando assente em uma convicção... tudo arrasta para seu apoio e acordo. E ainda que em maior número, não observa a força das instâncias contrárias, despreza-as, ou, recorrendo a distinções, põe-nas de parte e rejeita, não sem grande e pernicioso prejuízo.[2]

O historiador grego Tucídides, já no século IV a.C., observou:

---

[2] BACON, Francis. **Novum Organum**, 1620. [Novo órganon. São Paulo: Edipro, 2014.]

... pois é hábito da humanidade confiar à esperança descuidada o que anseia e usar a razão soberana para deixar de lado o que não deseja.[3]

Entretanto, centenas de anos antes de Tucídides, no século VII a.C., um conselheiro da corte que se tornou profeta fez uma observação semelhante. O contexto da observação é fascinante e instrutivo.

SAÚDE DO CORAÇÃO

Jeremias serviu como conselheiro de uma série de reis que governaram o antigo reino de Judá, cujos reinados teriam sido bem mais tranquilos e cuja vida teria sido prolongada se tivessem ouvido os conselhos dele. Mas é claro que a vantagem, talvez o propósito, de ser rei é que você não precisa ouvir os conselhos de ninguém!

A carreira desafiadora de Jeremias começou como conselheiro do jovem rei Joaquim. Israel havia acabado de se tornar um estado fantoche, pagando um tributo financeiro anual à Babilônia, que, em retorno, fornecia assistência militar e permitia que Israel conduzisse os próprios assuntos. Depois de três anos, o rei Joaquim decidiu dar um basta na situação, retendo o tributo e declarando lealdade ao Egito, arquirrival da Babilônia. Quando Jeremias ficou sabendo dos planos de Joaquim, advertiu o rei das consequências de se rebelar contra o poderoso Nabucodonosor, que pouco tempo antes havia sido derrotado pelo exército egípcio e, por isso, estava sofrendo de extremo mau humor militar. Contudo, Joaquim não quis dar ouvidos a ele.

[3] *História da Guerra do Peloponeso.*

A QUESTÃO DA INTEGRIDADE

Para se ter uma ideia da situação, seria um conflito semelhante a uma guerra declarada pela menor cidade do seu estado
contra os Estados Unidos.

Inútil e perigoso.

Jeremias assegurou ao rei que aquilo não apenas era uma
má ideia, mas algo que estava em oposição direta à vontade de
Deus para a nação naquela época. Entretanto, Joaquim não estava nem um pouco preocupado com isso, pois havia abandonado os caminhos do judaísmo há muito tempo. Os escritos
rabínicos descrevem o rei Joaquim como um impiedoso tira-
no, cujos apetites sexuais o levaram muito além das proibições
morais descritas na lei judaica. Além disso, quando Jeremias o
aconselhou, ele já havia tomado sua decisão.

E fez exatamente o que havia planejado fazer.

Com certeza, o rei Nabucodonosor também fez exatamente o que Jeremias previu que faria.

Em 598 a.C., Nabucodonosor invadiu Judá e fechou o cerco à cidade de Jerusalém. O cerco durou três meses, e o exército
de Nabucodonosor entrou na cidade após esse período, acor-
rentando Joaquim e o levando de volta à Babilônia para acres-
centá-lo à sua coleção de reis.

Sim, é isso mesmo. Nabucodonosor colecionava reis.

Literalmente, colecionava reis vivos. Algumas pessoas
colecionam moedas. O rei Nabucodonosor colecionava reis.
Quando conquistava uma nação, capturava o rei vivo e o levava para fazer parte da coleção. Em ocasiões especiais, quando
queria mostrar como era poderoso, exibia-os em correntes de
ouro e os fazia desfilar pela corte. Cada rei andava com a mão
no ombro do rei à frente dele... porque, além de acorrentá-los,
o rei Nabucodonosor cegava todos eles.

Mas voltemos à nossa história.

49

MELHORES DECISÕES, MENOS ARREPENDIMENTOS

Antes de sair de Jerusalém, o rei Nabucodonosor coroou como rei o filho de Joaquim, que também se chamava Joaquim e tinha 18 anos. Contudo, apenas três meses depois, Nabucodonosor mudou de ideia, mandou chamar o recém-coroado Joaquim e também o acrescentou à coleção. Juntamente com o rei recém-nomeado, Nabucodonosor fez os generais trazerem de volta 10 mil cativos da alta sociedade de Jerusalém e dos arredores, incluindo toda a família real. Além disso, ele prendeu os líderes militares do país. Depois, como medida final para garantir que Judá nunca mais consideraria se separar do domínio babilônico, ordenou a seus homens que saqueassem o palácio e o tesouro público.

Como você pode imaginar, naquele momento, qualquer pessoa que tivesse o mínimo de bom senso não estaria ansiosa para ser o próximo rei de Judá. Contudo, todo reino precisa de um rei, então Nabucodonosor nomeou o tio de Joaquim, Zedequias, para ser o próximo rei. Ele tinha 21 anos. O que o jovem rei Zedequias não sabia... e que ninguém sabia... era que ele seria o último rei de Judá. Assim como os reis anteriores, ele não daria ouvidos a bons conselhos. Assim como os reis anteriores, ele seguiu o próprio conselho e ouviu apenas as vozes que o ecoavam. Um historiador judeu disse o seguinte sobre o jovem rei Zedequias:

> Ele fez o que o Senhor, o seu Deus, reprova, e não se humilhou diante do profeta Jeremias[4]

Assim que Nabucodonosor voltou para a Babilônia, o recém-coroado rei Zedequias escolheu fazer exatamente o que o rei Joaquim havia feito, e declarou independência

[4] 2Crônicas 36.12.

A QUESTÃO DA INTEGRIDADE

da Babilônia. Jeremias implorou a Zedequias que não repetisse os erros do passado. Ele advertiu que, se o rei mantivesse a posição atual, a cidade seria destruída, assim como a família do rei. Mas reis serão sempre reis. Zedequias ignorou Jeremias e escutou os que estavam por perto e que o proclamavam salvador da cidade e do reino.

Jeremias respondeu levando sua mensagem para as ruas. Ele assegurou aos cidadãos de Jerusalém que a rebelião resultaria na destruição de todos. Encorajou a população a abrir os portões para os babilônios, e que, se o fizessem, seriam poupados.

Quando Zedequias soube o que Jeremias estava fazendo, instruiu o chefe da guarda a colocar Jeremias em uma cisterna seca para tirá-lo do caminho e silenciá-lo.

Ele estava assustando as crianças.

Na verdade, estava assustando toda a população.

No nono ano de seu reinado, Zedequias fez uma aliança com o Egito. Tratava-se essencialmente de uma declaração de guerra contra a Babilônia. Como Jeremias previu, o próprio Nabucodonosor liderou o exército para esmagar a rebelião. O exército babilônico sitiou a cidade mais uma vez, fazendo a população passar fome para se submeter. Quando o rei Zedequias percebeu como havia sido tolo e que a situação era extremamente desesperadora, chamou Jeremias e implorou que ele pedisse a Deus para libertar a cidade. Jeremias assegurou que era tarde demais para isso. O destino de todos havia sido selado. A única esperança era abrir os portões, entregar a cidade e submeter-se ao rei Nabucodonosor. Zedequias sabia o que isso significaria para ele e sua família, portanto se recusou e tentou fugir da cidade com seus filhos e com o chefe da guarda.

Foi rapidamente capturado e forçado a assistir a seus filhos serem mortos um a um pelos guardas de Nabucodonosor. E aquela seria a última coisa que Zedequias veria. Eles o cegaram, o algemaram com correntes de ouro e o acrescentaram à coleção de reis de Nabucodonosor na Babilônia.

CONOSCO NÃO!

Quando lemos ou ouvimos uma história como essa, não podemos deixar de nos perguntar: *Aconteceu de verdade?* Não há como não pensar em: *Não comigo*! Com tudo aquilo em jogo... incluindo a vida da família dele, por que ele não ouviu? Não era preciso ser profeta para saber que a resistência seria inútil.

Curiosamente, foi durante sua interação com o teimoso rei Zedequias que Jeremias documentou sua versão de por que certas coisas acontecem conosco; assim como o rei Joaquim e o rei Zedequias, somos extremamente propensos ao autoengano, pois também somos muito bons em convencer a nós mesmos das opções ruins, apesar das amplas provas convincentes em contrário. Ele escreveu o seguinte:

O coração é mais *enganoso* que qualquer outra coisa [...][5]

O coração quer dizer *todos* os corações. O seu coração. O meu coração. O coração é enganoso. Jeremias escolheu o adjetivo com cuidado. Como sabemos, há uma diferença entre desonesto e enganoso. Desonesto é mais fácil de identificar do que enganoso, não é mesmo? Desonesto é simplesmente não honesto. Mas enganoso? Enganoso implica uma pauta. Enganoso geralmente inclui uma mistura entre

[5] Jeremias 17.9.

A QUESTÃO DA INTEGRIDADE

verdade, meia-verdade e mentira. Se o nosso coração mente para nós o tempo todo, seria fácil perceber. Mas enganoso? O enganoso é mais difícil de detectar.

Você deve ter conhecido pessoas desonestas que não foram astutas o suficiente para enganá-lo. A desonestidade era aparente. Mas pessoas enganadoras? Essas sim são as perigosas. Novamente, Jeremias escolheu suas palavras com cuidado. O nosso coração é enganoso. Pode ser perigoso. É por isso que algumas vezes somos tão *convencidos* e em outras vezes somos tão *convincentes*. Não mentimos apenas para nós mesmos; também enganamos a nós mesmos.

Entretanto, para Jeremias, não era só isso.

> O coração é mais enganoso do que qualquer outra coisa e sua doença é *incurável*.

Não há cura. É uma condição permanente. Não se supera. Não amadurece. Não se conserta. É uma conexão permanente. Estamos condenados!

Bem, não estamos condenados.

Mas...

Uma condição permanente requer supervisão constante. Uma condição permanente requer uma resposta proativa. Caso contrário, vamos enganar a nós mesmos. Contudo, antes de abordarmos esse assunto... Jeremias ainda tinha mais a dizer. Ele termina afirmando algo que todos nós já experimentamos, especialmente quando olhamos para o passado e nos perguntamos como pudemos ter sido tão *enganados*, como pudemos ter decidido tão mal.

> O coração é mais enganoso do que qualquer outra coisa e sua doença é incurável. Quem é capaz de *compreendê-lo*?

Boa pergunta.

Eu não sou.

Aparentemente, ninguém é.

Isso explica por que todos já dissemos em algum momento: "Não *entendo* por que fiz o que fiz". Isso é apenas mais uma maneira de dizer: "Não entendo por que decidi o que decidi". "Escolhi o que escolhi." É por isso que fazemos coisas que parecem ter sentido no momento e que não terão sentido algum em outra ocasião. Isso explica por que você decidiu fazer a mesma coisa que antes aconselhou outra pessoa a *não* fazer. É por isso que a pessoa que você vê no espelho é a pessoa mais difícil de tentar liderar na sua vida. Essa pessoa não é sincera com você.

A menos que seja forçada.

É preciso encurralá-la, olhá-la nos olhos e perguntar: "Você está sendo honesto comigo? De verdade?".

As palavras de Jeremias explicam por que pessoas inteligentes não tomam decisões tão inteligentes.

Decisões que olhamos e pensamos: *Até eu conseguiria fazer melhor que isso!* Mas será? Será que realmente faríamos melhor se tivéssemos que ouvir o nosso eu inteligente? Provavelmente não.

Observei homens inteligentes e com recursos, que trabalharam muito para acumular uma riqueza significativa, perderem uma parte considerável em um "investimento" que, na verdade, não passava de um esquema... um esquema que prometia mais do que já tinham, só que mais rápido desta vez. Quando ouço suas histórias, penso: *Como alguém tão inteligente e tão bem-sucedido quanto você caiu em algo tão duvidoso como isso?* Após o feito, eles se perguntam a mesma coisa. No momento...

A QUESTÃO DA INTEGRIDADE

bem... no momento eles simplesmente estavam como nós. Enganados. O coração deles foi enganoso. O meu também é.

E o seu também.

O CAMINHO A SEGUIR

Então, se não há cura, se nunca vamos passar disso nem vamos amadurecer, se sempre teremos uma propensão a enganar a nós mesmos, a nos convencer a fazer exatamente o que deveríamos nos convencer a não fazer, a nos levar *a fazer* as mesmas coisas que deveríamos declarar proibidas, o que fazemos então? Parece desesperador, não é mesmo?

Bem, embora seja verdade que não há cura, há esperança. Há uma maneira de manter sob controle o nosso coração enganoso. Há três conselhos.

Para começar, *admita*.

Quanto mais prontamente você aceitar esse fato desconfortável e inquietante sobre você, mais rápido será capaz de desenvolver e manter uma desconfiança saudável, mais aberto estará a informações e conselhos que conflitam com onde o coração o leva, mais cauteloso será quando o vendedor que há dentro de você começar a tentar convencê-lo, mais fácil será reconhecer o que se sente tentado a justificar que poderia ser apenas uma mentira que você está dizendo a si mesmo.

Em segundo lugar, *pergunte*.

Faça a nossa pergunta: Estou realmente sendo honesto comigo mesmo?

Tenha uma conversa sincera consigo mesmo. Faça isso em frente ao espelho. Olhe-se nos olhos. De verdade, fique na frente do espelho e pergunte a si mesmo em voz alta... usando o seu próprio nome. "Andy, você realmente está sendo honesto consigo mesmo?" E, então, seja sincero consigo mesmo... até... se não planejar *fazer algo* a respeito.

Saber é um dever para consigo mesmo, até mesmo se isso o levar em uma direção que você não pretende ir.

Saber não faz mal algum. É preciso realmente ser honesto consigo mesmo.

Terceiro, *seja curioso*.

Ecoando o profeta Jeremias, Brené Brown insiste: "O nosso eu racional e adulto é um bom mentiroso"[6]. Destruir o nosso eu enganoso requer o que denominamos "curiosidade emocional". Quando nos obrigamos a aceitar o nosso desconforto e ficamos curiosos sobre a razão de estarmos sentindo o que estamos sentindo... a razão de estarmos determinados a fazer o que estamos empenhados em fazer, chegamos à verdade.

Contudo, a maioria das pessoas não faz isso.

Não seja você a maioria das pessoas.

Seja curioso. A curiosidade o manterá focado nos limites da sua ignorância. É aí que aprendemos. É aí que ganhamos percepção. É aí que percebemos o nosso preconceito e a nossa intolerância. Quando a situação for desconfortável... e vai ficar desconfortável, quando se tornar um incômodo e você se sentir tentado a se afastar... para voltar ao que sempre foi conhecido, saiba que... é o medo falando, é a insegurança falando. Você aprenderá um pouco com os dois. Então volte e seja curioso. Se fizer isso, você vai aprender alguma coisa. No mínimo, aprenderá algo sobre si mesmo.

---

[6] Brown, Brené. **Rising Strong: How the Ability to Reset Transforms the Way We Live, Love, Parent, and Lead.** New York: Random House, 2015. p. 86. [**Mais forte do que nunca. Caia. Levante-se. Tente outra vez.** Rio de Janeiro: Sextante, 2016.]

A QUESTÃO DA INTEGRIDADE

Resistimos naturalmente ao que não entendemos e ao que não podemos controlar. Somos sempre tentados a rejeitar, a desculpar e a criticar o que não entendemos e o que não podemos controlar. Quando o fazemos, perdemos. Como digo aos líderes o tempo todo, seja um estudante, não um crítico. Os críticos procuram razões para não aprender o que não entendem. Os estudantes, por outro lado, estão sempre aprendendo. Enfrentam sua ignorância. São curiosos. Seja curioso. Pergunte a si mesmo: "Por que realmente estou fazendo isso? Por que reagi desse jeito quando me confrontei com novas percepções e informações? Por que me enfureci quando fui questionado? Por que não vou ler esse livro, esse artigo?".

POR QUE NÃO?

Por mais simples que tudo isso pareça, não é nada simples. É assustador. Afinal, uma vez que somos honestos conosco, somos responsáveis por nós mesmos. Isso significa que, quando ouvimos a nós mesmos, quando damos aos nossos amigos e aos nossos familiares todas as "razões" que inventamos para apoiar as nossas decisões ruins, sabemos que estamos mentindo.

"A razão pela qual fui..."

"A razão pela qual comprei..."

"A razão pela qual liguei para ela..."

"A razão pela qual liguei para ele de volta..."

"A razão pela qual estamos nos mudando..."

"A razão pela qual estou me mudando..."

Uma vez que você tenha sido absolutamente honesto consigo mesmo, ficará um pouco mais difícil ser desonesto com as demais pessoas.

Ao mesmo tempo que ser honesto conosco pode ser um pouco assustador, dizer a verdade a nós mesmos pode ser... libertador. Na verdade, sempre é. Jesus fez uma declaração poderosa a esse respeito. Talvez você nem saiba que Jesus disse isso porque os políticos o dizem o tempo todo... sem dar crédito a Jesus. Aparentemente, não há problema algum em mencionar o que Jesus diz, desde que você não mencione Jesus.

Jesus disse: "E conhecerão a verdade, e a verdade os libertará".

A verdade realmente nos liberta. Contudo, o contrário também é verdadeiro: a desonestidade nos aprisiona. E, se não tomarmos cuidado, vamos nos aprisionar até mesmo se formos pouco honestos conosco.

Dizer a verdade a si mesmo, admitir a verdadeira razão pela qual você está considerando o que está considerando, trará clareza imediata. Você conseguirá enxergar melhor. Será mais difícil enganar a si mesmo. Dessa forma, dizer a verdade a si mesmo vai capacitá-lo a tomar a decisão certa. E é por isso que você tem de fazer essa pergunta a si mesmo. Duas vezes.

Estou realmente sendo honesto comigo mesmo?

Estou realmente dizendo a verdade ou estou tentando convencer a mim mesmo sobre algo?

Para encerrar, quero fazer uma série de perguntas, a maioria das quais talvez não tenha nada a ver com a situação atual, mas uma ou duas delas podem ter. É o tipo de pergunta que todos deveríamos ter o hábito de fazer. É bem provável que não haja ninguém por perto e, mesmo se houver, os outros não poderão ler sua mente; então, não há razão para não ser honesto. Dou até uma saída a você: não é preciso fazer nada. Basta que você seja honesto consigo mesmo, certo?

Está pronto?

A QUESTÃO DA INTEGRIDADE

Você está pronto não para a desculpa que dá a si mesmo e aos seus amigos, mas para a verdadeira razão.

Por que você está comprando...?

Por que você está se mudando?

Por que realmente continua saindo com ele? Com ela?

Por que realmente pediu o divórcio...?

Qual é a verdadeira razão pela qual você se mudou?

Por que você está realmente aceitando esse trabalho...?

Qual é a verdadeira razão pela qual você não liga para os seus filhos? Para a sua mãe? Para o seu pai? O seu irmão ou a sua irmã?

Cruel, não é mesmo?

Aterrador.

Esclarecedor.

Com sorte, libertador e empoderador.

Ao longo da nossa vida, seremos forçados a tomar decisões que não queremos realmente tomar. Todas elas serão tomadas em algum tipo de contexto emocional. Não há ambientes de tomada de decisão emocionalmente neutros. Assim, estaremos propensos a escolher a felicidade imediata em vez da saúde a longo prazo, o prazer em vez do autocontrole. Como o nosso coração é enganoso por causa do viés de confirmação, estaremos propensos a nos convencer de coisas das quais mais tarde nos arrependeremos.

Mas não precisa ser assim.

Não precisa continuar assim.

Existe uma saída para esse ciclo destrutivo. E, embora nunca tenhamos nos conhecido, aposto que há uma parte de você que quer sair disso. Então, dê um pequeno passo à frente. Comece a ser brutalmente honesto consigo mesmo. Pare de mentir. Recuse-se a inventar razões que na verdade são justificativas. Quando você se vir tentando convencer a si mesmo, apenas pare e diga: "Olha eu aqui de novo". Faça uma pausa para ter uma conversa sincera consigo mesmo e pergunte: "Por que estou fazendo isso? Por que realmente estou fazendo isso?".

COMPROMETIDO

Para ajudar você a adotar a nossa primeira pergunta como parte do seu filtro de tomada de decisão, quero incentivá-lo a tomar uma decisão específica e objetiva. Vou concluir cada capítulo com uma decisão semelhante. Mas esta pode ser a mais importante e talvez a mais difícil de manter.

Decisão número 1: A decisão da integridade
Não vou mentir para mim mesmo,
ainda que a verdade me faça sentir
mal comigo mesmo.

Perdoe a minha presunção, mas é provável que você precise escrever isso, deixando o registro em um lugar em que possa ver todos os dias, pelo menos por um tempo. Sugiro um espelho.

Há coisas piores do que se sentir mal consigo mesmo. Para começar, apegar-se a algo ruim sobre si mesmo. Recusar-se a abordar o que está mal sobre nós mesmos é ruim para nós mesmos. Você está disposto a ser honesto consigo mesmo se isso o faz se sentir mal? Você nunca chegará aonde precisa estar até admitir onde realmente está antes de começar. Então, seja honesto.

Jeremias estava certo: "O coração é mais enganoso do que qualquer outra coisa e sua doença é incurável".

Mas agora você sabe.

E agora sabe o que fazer com isso.

A QUESTÃO DA INTEGRIDADE

Agora você está mais preparado para tomar melhores decisões e viver com menos arrependimentos. E isso é algo muito bom. Afinal de contas, as suas decisões determinam a direção e a qualidade da sua vida, bem como a vida daqueles a quem você ama.

Você está sendo honesto consigo mesmo?

Realmente?

Pronto para a pergunta número 2?

Realmente?

CAPÍTULO 3

A questão do legado

Que história quero contar?

Toda decisão que você toma **torna-se uma parte permanente** da sua história.

A história da sua vida.

Que história você quer contar?

Que história você quer que seja contada sobre você?

A boa notícia é: você decide. Contudo, tome uma decisão de cada vez, porque você escreve a história da sua vida... uma decisão por vez.

Tive a sorte de crescer com um pai que assumiu com seriedade a responsabilidade paterna. O pai do meu pai morreu quando ele tinha 17 meses. A mãe dele só se casou novamente quando ele estava no ensino médio. Para todos os efeitos práticos, ele cresceu sem pai. Os especialistas dizem que os primeiros seis anos são os mais importantes no que se refere ao desenvolvimento pessoal. A mãe do meu pai fez o melhor que pôde, dadas as circunstâncias. E as circunstâncias eram difíceis nos anos 1930 e 1940 em Dry Fork, Virgínia.

As circunstâncias difíceis estabelecem o sucesso ou o fracasso das pessoas. No caso do meu pai, elas o deixaram

MELHORES DECISÕES, MENOS ARREPENDIMENTOS

extremamente independente, disciplinado e determinado a criar algo melhor para a família, o que ele certamente fez, porém não da maneira que você poderia esperar. A minha irmã e eu com certeza crescemos em um ambiente financeiro mais estável. Entretanto, o meu pai estava igualmente determinado a garantir que tivéssemos o relacionamento que ele nunca teve, aquele que, em suas palavras, deixou um "vazio profundo e duradouro" em seu coração. O meu pai estava determinado a ser um bom pai — um pai presente e responsável, dando a nós a relação que ele mesmo nunca teve.

E ele cumpriu essa missão.

Nenhum modelo a seguir. Nenhuma lição. Nenhum seminário de paternidade. Ele apenas sabia como agir.

Uma das coisas mais significativas que ele fazia era deitar-se ao nosso lado na hora de dormir. Depois que orávamos, eu começava a fazer perguntas. É claro que as perguntas eram uma tática para enrolá-lo. Eu não queria que ele fosse embora. É engraçado. Enquanto escrevo isso, não só consigo imaginar o meu quarto como quase consigo sentir o cheiro. O ambiente tinha um cheiro distinto. Era um misto do cheiro da minha velha colcha marrom e do meu jacaré.

Eu tinha um jacaré de estimação chamado Wally.

Ele ou ela... nunca consegui descobrir isso... morava em um aquário no meu quarto a maior parte do tempo. Ocasionalmente Wally conseguia sair. Eu sempre sabia quando o meu jacaré tinha saído. Eu chegava em casa depois da escola e a porta do meu quarto estava fechada com uma toalha por baixo. Essa era a minha deixa para entrar o mais rápido possível e encontrar Wally.

Enfim.

A hora da oração rapidamente passou a ser a hora da história. Mas não eram histórias de ninar. Por algum motivo, sempre

A QUESTÃO DO LEGADO

fui fascinado pelas histórias do meu pai e de como era a vida dele na infância. Eu estava particularmente interessado nas confusões em que ele havia se metido. Lembro-me da maioria, porque, quando as histórias acabavam, eu pedia a ele para recontar algumas em particular. Anos depois, eu contaria aos meus filhos as histórias do meu pai, que entregava jornais às 5 da manhã, antes de ir para a escola, quebrando as janelas dos clientes com jornais congelados, porque pesavam muito e ele jogava com muita força.

Ele voltava para uma casa vazia todas as tardes, porque sua mãe só saía da fábrica têxtil às 17 horas e então pegava o ônibus de volta para casa. Ele preparava o próprio café da manhã, porque a mãe já estava no ponto de ônibus naquela hora.

Quando tínhamos idade suficiente para entender, ele descreveu a relação difícil e às vezes violenta com o padrasto, que se casou com a mãe do meu pai quando ele estava no ensino médio. Henry era um homem irritado que descontava na minha avó... até o meu pai ter idade suficiente e ser grande o suficiente para intervir. Havia a história de como ele acabou vendendo sua rota de jornais e assim conseguiu dinheiro para pensar na faculdade. Ele nos contou sobre a conversa casual com um amigo que o levou a uma conversa com um amigo de um amigo e lhe rendeu uma bolsa de estudos integral, e ele se apresentou na Universidade de Richmond com uma pequena mala e menos de 30 dólares no bolso. Gosto muito da história de como ele conheceu a minha mãe, a garota rica de Smithfield, Carolina do Norte.

Quando criança, descobri rapidamente que a história do meu pai tinha uma camada adicional: a história do avô dele.

O avô dele, George Washington Stanley... não inventei isso..., era de Siler City, Carolina do Norte, mais conhecida por ser o lar de Frances Bavier, mais conhecida como a tia Bee no *The Andy Griffith Show*. George Stanley era um pregador pouco estudado da santidade pentecostal que atuou antes, durante e após os dias de proibição nos Estados Unidos. Era como se aquelas histórias tivessem saído de um filme, com sermões de fogo e enxofre, ameaças de morte e mafiosos em carros em chamas. O meu pai passou um verão com o avô que marcou sua vida e acabou deixando uma marca na minha vida também.

Todas as tardes, depois do trabalho, eles se sentavam na varanda da frente da casa de George, tomavam limonada e falavam sobre a vida. A vida de George. Sua filosofia de vida era simples e inesquecível. Ouvi o meu pai repetir isso mil vezes.

"Obedeça a Deus e deixe todas as consequências para ele. Se Deus lhe diz para passar a cabeça por uma parede de tijolos, comece a correr e confie que Deus fará um buraco."

Enquanto escrevo isso, o meu pai está prestes a comemorar seu aniversário de 87 anos. Contudo, essas histórias, as histórias dele e as do meu avô, são tão vívidas como quando as ouvi pela primeira vez. Entretanto, não foram apenas suas histórias de infância que me impactaram. Como filho, sempre tive um lugar privilegiado para ouvir alguns dos relatos mais importantes da história dele. E, como acontece com todo pai e filho, as histórias dele se transformaram nas minhas histórias, enxertando-se imediatamente na história da minha própria vida. Por outro lado, como acontece com todo pai, as escolhas dele influenciaram as minhas escolhas. As decisões dele influenciaram a direção e a qualidade da minha vida.

Particularmente impactante foi a decisão dele de aceitar um emprego em Atlanta quando eu estava no quinto ano — uma decisão difícil e pouco arriscada que determinou grande parte da trajetória da minha vida, da minha carreira e do meu casamento.

A QUESTÃO DO LEGADO

O que eu não entendia quando criança, mas que está bem claro para mim agora, é que a história do meu pai é simplesmente uma série de resultados ligados a uma série de decisões. Em muitos casos, foram decisões tomadas em resposta às decisões de outras pessoas. Ele estava escrevendo a história de sua vida com uma decisão de cada vez. Estava escrevendo capítulos na história da minha vida com uma decisão por vez. E, embora não existam histórias perfeitas, ele certamente escreveu uma boa história — uma que vale a pena ser contada.

Uma que vale a pena ser recontada.

O exemplo anterior ilustra e se entrelaça com algo que abordamos no capítulo anterior. Nunca saberemos o que ou quem está na balança das decisões que tomamos e, portanto, das histórias que contamos. O que *de fato* sabemos é que as decisões privadas têm implicações públicas, talvez implicações geracionais. As nossas decisões privadas não permanecerão privadas. As nossas decisões pessoais terão impacto em outras pessoas. Nunca conheci o meu bisavô. Mas as decisões dele, que criaram a história dele, acabaram se entrelaçando com as de seu bisneto.

HISTÓRIAS

Não pensamos dessa forma, não é mesmo?

Não pensamos na nossa vida como uma história, uma história que vamos contar ou uma história que será contada sobre nós.

Se o padrasto do meu pai soubesse que seu enteado cresceria para se tornar líder espiritual, autor e palestrante mundialmente famoso, ele poderia ter optado por uma história melhor. Poderia ter decidido tratá-lo melhor. Se tivesse ocorrido a ele que algum dia seu enteado contaria sua história e incluiria suas interações com o padrasto, talvez ele teria tomado decisões diferentes. Então vale a pena repetir: as nossas decisões *privadas* não permanecem *privadas*. As nossas decisões *pessoais* afetam outras *pessoas*. Uma vez que a nossa história se transforma na história delas, é a história *delas* que será contada.

Isso nos leva à nossa segunda pergunta.

Pergunta número 2: A questão do legado
Que história você quer contar?

Enquanto pergunto, que história você quer que seja contada?

Cada decisão que você toma se torna uma parte permanente da sua história. A história da sua vida. Cada decisão que você toma tem um resultado, uma consequência, um desfecho. Pode ser bom ou ruim, desejável ou indesejável, esperado ou inesperado. Seja qual for o caso, esse resultado se torna permanente na história da sua vida.

> Você saiu com ele. Ele era um idiota, mas era fofo e conveniente. Não havia mais ninguém no horizonte. Dois anos depois, a coisa toda apenas evaporou. Você sabia que isso ia acontecer, mas se sentiu presa.

Agora, parte de sua história é que você desperdiçou dois anos da sua vida em um relacionamento com alguém que você sabia muito bem que... digamos... não era o escolhido.

> O seu chefe pediu para você mentir para um cliente. Você não é mentiroso, mas mentiu. O cliente o pressionou. O chefe jogou toda a culpa em você. Você perdeu o emprego.

A QUESTÃO DO LEGADO

Agora, parte da sua história é que você mentiu e perdeu o emprego por causa disso. Uma história melhor teria sido: *você se recusou a mentir e perdeu o emprego por causa disso.*

> Os seus amigos queriam sair. Você tinha um exame no dia seguinte. Você disse não aos seus amigos. Eles o pressionaram. Você insistiu que queria ficar no seu dormitório. Tirou uma nota boa e agora tem um diploma com honras para mostrar a eles.

Você nunca vai se esquecer daquela noite. Enquanto isso, os seus amigos da faculdade estão... digamos... você não sabe ao certo onde estão.

Decisão após decisão, você está escrevendo a história da sua vida. Então, quando você está tomando uma decisão de qualquer magnitude, deve fazer uma pausa, olhar para a frente e perguntar: "Que história quero contar?".

Observe por outro ângulo.

As decisões que está prestes a tomar agora... esta semana... hoje... serão reduzidas a uma história que será contada por você. Uma vez que tenha acontecido com você, é uma história. Ponto-final. Se você perdeu o emprego recentemente, sobreviver um tempo sem trabalho vai ser uma história que você contará algum dia.

Que história você quer contar?

> Perdi o meu emprego. Estava envergonhado. Disse aos amigos que estava prestando consultoria. Mas não prestando consultoria. Eu estava me consolando todas as tardes com uma garrafa. Acumulei uma tonelada de dívidas. Perdi o respeito da minha

mulher e dos meus filhos. E, talvez pior ainda, perdi o autorrespeito.

Essa não é uma boa história. Perder um emprego... ficar um período prolongado sem trabalho significativo... é aterrorizante e humilhante. Contudo, as decisões tomadas nos vales acabam sendo apenas as histórias contadas do outro lado. Escreva uma boa história.

Decida uma boa história.

Talvez você esteja saindo com alguém e as coisas estejam indo muito bem, mas há outra pessoa no escritório que chamou a sua atenção. Ela é casada. Apesar disso, você se sente atraído por ela, principalmente porque ela também parece estar atraída por você. Por fim, ela deixa claro que, se você estiver disposto, ela estará disposta. Parece divertido. Contudo, a sua decisão se transforma em parte da sua história. Uma parte permanente.

Que história você quer contar?

> Envolvi-me com uma mulher casada no trabalho. Menti para a minha namorada... Acabei com o casamento dessa mulher. Agora os filhos dela se revezam entre duas casas nos fins de semana.

Essa é realmente a história que você quer contar? Acho que não. Na verdade, essa seria uma história que você espera que ninguém mais saiba.

O desafio é que a maioria de nós não pensa dessa forma. Não pensa na vida como uma história. Embora provavelmente nunca tenhamos nos conhecido, sei algo sobre você: você gostaria de poder contar a sua história inteira sem ter de pular nenhum capítulo nem mentir sobre os detalhes.

Certo?

Algum dia, você gostaria de poder sentar-se ou deitar-se com os seus filhos ou netos e contar a eles a sua história. Toda a sua história. E, à medida que crescerem, você gostaria de poder adicionar camadas e detalhes, em vez de torcer para que não perguntem.

Se você é solteiro, gostaria de um dia se sentar do outro lado da mesa de alguém com quem espera passar o resto da vida e contar a sua história. Toda a sua história. Gostaria de ser o herói da sua própria história. Todos queremos isso. E, indo em frente, você conseguirá. Mas isso exigirá ter de parar no meio da decisão e perguntar: "Que história quero contar? Quando essa crise, essa oportunidade, essa tentação no espelho retrovisor... quando isso se reduz a uma história... que história quero contar?". Qual das opções disponíveis você quer como parte da sua história?

A NÉVOA DO AGORA

A principal razão pela qual não pensamos em termos de *história* quando tomamos decisões é que a *história* é posterior. As decisões são *agora*. Pensamos em mais tarde, mais tarde. E mais tarde significa *tarde demais* para fazer qualquer coisa a respeito. Não pensamos em termos de história porque estamos distraídos pela pressão e pelas emoções que sentimos no momento.

A emoção é como uma névoa.

Faz-nos perder de vista o contexto mais amplo. Especificamente, a nossa história.

Você sabe como funciona. É como quando corre contra o relógio para cumprir um prazo. Tem de decidir, e logo!

"Se você não quer se casar comigo, vou embora."

Ninguém quer ser abandonado.

"Se não cumprir a sua cota, será demitido."

Ninguém quer ser demitido.

Quando estamos sob pressão, é difícil pensar no amanhã, muito menos na história que vamos contar. Temos de conseguir passar por hoje. Não importa se amor, luxúria, ciúme, insegurança, medo... as emoções complicam o processo de tomada de decisão, concentrando a nossa atenção no imediato em vez de no resultado final. Ficamos pensando em termos das nossas opções e das nossas escolhas, e não das nossas histórias. Queremos resultados imediatos, e não resultados finais.

Se invertermos, fica ainda mais claro. Talvez até claro demais.

Não é verdade que as suas piores decisões foram impulsionadas por algo com forte apelo emocional? Não racional... mas emocional. Aquele fim de semana, aquele primeiro casamento, aquela compra, aquele financiamento. Era tão atraente que você comprou. Era tão atraente que você comeu. Era tão atraente que você namorou e foi morar com ele. Era tão atraente que você agarrou a oportunidade. Era tão atraente que você o pegou e fumou... e assim por diante. A razão pela qual temos arrependimentos, a razão pela qual olhamos para trás e nos perguntamos: "No que eu estava pensando?" é porque fomos presenteados com algo que tinha forte apelo emocional.

Se você trabalha com vendas, sabe como isso funciona, e sabe também que a pior coisa que pode fazer é deixar que um cliente potencial saia da loja ou do *showroom* sem fazer uma compra. Quando vão embora, o que acontece? O apego emocional que sentiam pelo produto começa a diminuir, eles ganham perspectiva e ficam muito menos propensos a comprar o seu produto.

Os psicólogos têm um nome para essa dinâmica. É outro viés cognitivo e explica por que, uma vez que os nossos apetites estejam envolvidos no processo de tomada de decisão, nós... digamos... de certa forma, perdemos a cabeça. Perdemos a capacidade de pensar racionalmente, ou, pelo menos, um pouco mais racionalmente. Esse viés cognitivo específico é denominado *focalismo,* porque as vítimas hiperfocam uma coisa e negligenciam tudo mais que há ao redor.

Se você já se apaixonou, foi vítima de focalismo.

Focalismo, ou *ancoragem,* como às vezes é chamada, é a tendência que todos temos de confiar demais na informação inicial e na emoção que ela provoca quando tomamos uma decisão. A informação inicial, reforçada pelos sentimentos que a acompanham, torna-se gigantesca e mancha ou borra outros fatos e informações que deveriam ser considerados. Essencialmente, perdemos o foco do entorno, do contexto de tomada de decisão, e *hiperfocamos* a coisa, a oportunidade, a opção ou a pessoa à nossa frente.

Quando você se apaixonou, tudo o que conseguia ver era a pessoa.

Tudo em que conseguia pensar era nela.

Todo o restante ficou em segundo plano — incluindo a dívida de cartão de crédito dele ou o histórico de namoro dela. Quando o focalismo entra em ação, e isso acontece com mais frequência do que imaginamos, tudo, exceto a coisa em que estamos fixados, fica turvo em comparação — incluindo o futuro e a nossa história. Afinal, em ambientes de tomada de decisão emocionalmente carregados, pensamos em termos de escolhas, não de histórias, o que significa que não estamos pensando com muita clareza.

Por isso, preste atenção nessa dica.

Quando confrontado com algo ou alguém que tenha forte apelo emocional, pressione o botão de pausa, e não o botão de avançar. O forte apelo emocional deveria acionar um sinal de advertência, não uma luz verde. Quando algo é emocionalmente atraente, em vez de irmos na direção dessa coisa, devemos recuar. Não porque não seja recomendado. Pode até ser. Não porque não seja um bom investimento. Pode até ser. Não porque não seja o trabalho perfeito. Pode até ser. Devemos recuar porque qualquer coisa com forte apelo emocional... mesmo que seja a coisa certa... obscurece o nosso julgamento. Dessa forma, faça uma pausa. Oriente-se. Vá para casa e pense nisso. Chame um amigo. Pense na sua história.

Pensar na sua história posiciona e capacita você a neutralizar os efeitos do focalismo. Só por esse fato já vale a pena fazer a pergunta: "Que história quero contar?". Isso nos tira do imediato e foca o futuro. Isso nos capacita a incluir o processo de tomada de decisão dentro do contexto mais amplo da história da nossa vida. A nossa história está no tempo futuro. Portanto, toda decisão deve ser tomada com a seguinte pergunta em mente:

Que história quero contar?

NÃO SOMOS OS PRIMEIROS

Não somos a primeira geração a ter dificuldade com perguntas. Apesar de existirem na história inúmeros exemplos de pessoas que se equivocaram e de pessoas que acertaram, há uma narrativa particular do passado que ilustra perfeitamente os benefícios e as consequências de ambos. Isso também está registrado na Escritura judaica. Contudo, ao contrário da história de Jeremias e de Zedequias do Capítulo 1, essa história antiga é bem conhecida. Escolhi esse excerto de narrativa não apenas porque ilustra o poder desta questão, mas porque o caráter primário apresenta uma aplicação específica dessa ideia que considero extraordinariamente útil.

Entretanto, primeiro, um pouco de contexto.

A QUESTÃO DO LEGADO

Por volta de 1850 a.C., um adolescente hebreu chamado José se viu em uma situação difícil. Seu pai, Jacó, o amava mais do que aos onze irmãos de José. A razão para o tratamento preferencial foi que José tinha nascido na velhice de Jacó e era filho de sua esposa favorita.

É melhor não ter uma esposa favorita.

Enfim.

A narrativa ganha força quando Jacó designa a José a tarefa de observar os irmãos e voltar com notícias sobre eles. Isso já havia acontecido antes, e as notícias anteriores não tinham sido muito boas. Aparentemente, a notícia ruim os deixou em uma posição ainda pior com o pai. Então, dessa vez, quando os irmãos veem José se aproximando, *decidem* agir e fazer algo em que estavam pensando há muito tempo.

Decidem matá-lo.

Contudo, à medida que José se aproxima, perdem a coragem e resolvem, em vez disso, jogá-lo em um poço vazio... até recuperarem a coragem para matá-lo.

E você pensava que os seus irmãos eram impiedosos.

É possível que você se lembre de ter ouvido essa história na sua infância. Se for assim, deve recordar que José tem sorte. Mais ou menos. Em vez de matá-lo, os irmãos de José decidem vendê-lo.

Bem mais lucrativo.

Um pouco mais misericordioso.

Eles o vendem para mercadores de escravos a preço de atacado, sabendo que mercadores iriam vendê-lo novamente no Egito no varejo. É claro que teriam que explicar o desaparecimento de José, e então inventam uma história para encobrir o crime. Pegam a túnica de José, que era conhecida e que o pai tinha feito especialmente para ele, e a mergulham em sangue de cabra. Então, voltam para casa fingindo pesar pela morte do irmão, aparentemente causada pelas garras e mandíbulas de uma fera selvagem.

O coração de Jacó fica partido.

Os irmãos mais velhos de José têm um segredo com o qual foram obrigados a conviver pelo resto da vida. A mentira os tornou mentirosos para a vida toda.

Quero fazer uma pausa na história por um momento.

Imagine se pudéssemos visitar os irmãos de José enquanto eles pensavam em como canalizar o ciúme equivocado. E se pudéssemos ter feito a eles a nossa pergunta:

Ei, pessoal, que história vocês querem contar?

A forma que vocês escolheram tratar o seu irmão caçula vai acabar sendo nada mais do que uma história a ser contada. Dependendo do que façam, pode se tornar apenas um segredo, mas será uma parte permanente da sua história. Então, antes de fazer algo extremo, vocês realmente querem que a sua história seja: "Quando eu tinha 20 e poucos anos, sentia tanta inveja do meu irmão caçula, pois o meu pai amava a mãe dele mais do que amava a minha mãe... e, portanto, amava o meu irmão caçula mais do que a mim e, ao pensar nisso agora, vejo que não tem nada a ver com o meu irmão caçula... a quem odeio. Na verdade, a culpa é do meu pai. De qualquer forma, quando eu tinha 20 e poucos anos, odiava tanto o meu irmão caçula que o vendi como escravo e disse ao meu pai que ele havia sido morto por animais selvagens. Dessa forma, passei o resto da minha vida mentindo sobre o que

A QUESTÃO DO LEGADO

aconteceu com o meu irmão caçula, tudo porque eu estava com ciúmes"?

Gente, essa é a história que vocês querem contar? Realmente? Para o resto da sua vida? Vocês realmente querem um capítulo do qual se envergonham? E esperam que ninguém jamais descubra?

Não sei. Os irmãos de José poderiam ter reconsiderado. Talvez não. Entretanto, ao olhar para as opções deles na perspectiva da história, a opção parece... digamos... pequena, mesquinha. Uma reação certamente exagerada, exibindo mais a mentalidade de rebanho do que a consideração ponderada. Se você voltar e ler a história apresentada em Gênesis, descobrirá que um dos irmãos de José estava realmente refletindo dessa forma. O nome dele era Rúben. Foi ele quem teve a ideia de jogar José na cisterna em vez de matá-lo imediatamente. O plano era resgatar José silenciosamente quando os irmãos adormecessem e o devolver em segurança ao pai, mas Rúben não estava presente quando os mercadores de escravos chegaram por lá. Ele perdeu a oportunidade de resgatar José. Quando descobriu que o irmão havia sido vendido, rasgou suas vestes em sinal de luto.

Percebi uma coisa com isso.

Geralmente há um Rúben em algum lugar.

Raramente é a voz mais forte da casa, da mesa ou do bar, mas está por perto se procurarmos por ele. Quase sempre há alguém que consegue ver as nossas opções e inclinações olhando para o nosso futuro, para a nossa história. Alguém que está pensando no futuro em vez de no imediato. Voltaremos a essa ideia mais adiante. Mas por ora...

Procure o Rúben. Quando o encontrar, escute-o.

COMO UM EGÍPCIO

José acaba sendo leiloado no Egito e é comprado por um cavalheiro chamado Potifar. Potifar era o capitão da guarda do palácio do faraó. Entretanto, José tem uma decisão a tomar:

Fujo?

Faço o que a maioria dos escravos faz, que é o mínimo possível?

Ou me jogo nesse trabalho escravo com tudo que tenho?

Dilema interessante para um menino rico que cresceu como o filho favorito da esposa favorita do pai. Um menino rico que sem dúvida tinha os próprios escravos em casa. Um menino rico que não havia feito nada para merecer aquilo.

José escolheu a porta número 3 e decidiu dar seu melhor e servir a casa de Potifar como se fosse sua. Logo depois, Potifar percebe seu trabalho impecável e dá a José mais responsabilidade. O autor de Gênesis descreve isso da seguinte forma:

> Assim, deixou ele aos cuidados de José tudo o que tinha, e não se preocupava com coisa alguma, exceto com sua própria comida.[1]

Graças à sua decisão de entregar-se totalmente, José acaba administrando toda a casa de Potifar. Bem, essa é uma história que vale a pena contar, não é mesmo?

> Fui sequestrado e vendido como escravo. Fui vítima, mas decidi não viver como vítima. Decidi confiar em Deus e dar o melhor de mim com o que tinha.

Essa foi a história que José escolheu.

[1] Gênesis 39.6.

A QUESTÃO DO LEGADO

Mas então a história de José cruzou com a de outra pessoa.

Apesar da diligência de José... na verdade, por causa de sua diligência... ele se vê em uma situação sem saída na qual é forçado a tomar outra decisão. Dessa vez, ele se depara com duas opções, nenhuma das quais o levará a um bom resultado. O autor resume um pouco prenunciando com a seguinte afirmação:

José era atraente e de boa aparência [...]

E assim é possível entender o que vai acontecer, não é?

[...] e, depois de certo tempo, a mulher do seu senhor começou a cobiçá-lo e o convidou: "Venha, deite-se comigo!".[2]

José provavelmente tinha 19 ou 20 anos na época. Toda aquela terrível provação começou quando ele tinha apenas 17. Estava longe de casa, sem perspectivas de retorno. É importante notar que, para José, aquilo não era antes de mais nada uma questão moral. Não era principalmente sobre o certo e o errado, sobre adultério ou fidelidade. Era uma questão de vida ou morte. Ele poderia perder a vida, qualquer que fosse sua escolha. Era um escravo. Não tinha direitos, incluindo o direito de dizer não à esposa de seu senhor. José não tinha o direito de fazer o que era certo. Contudo, trair Potifar não era certo. Pior ainda, era perigoso. Dessa forma, decidiu apostar, recusando-se a ceder. Dia após dia, a mulher implorava por sexo. Dia após dia, ele recusava.

ENSAIANDO O FUTURO

Durante um de seus encontros com a esposa de Potifar, José empregou uma técnica poderosa. Essa é uma das principais

---

[2] Gênesis 39.6-7.

razões pelas quais escolhi ilustrar a questão deste capítulo com esse relato. Segundo o autor, José ensaiou sua história em voz alta como contexto para a decisão de recusar a oferta da esposa de Potifar. De alguma forma, ele evitou a armadilha de permitir que a situação infeliz ofuscasse ou o fizesse perder de vista a história mais ampla de sua vida. Em vez disso, José pensa na decisão dentro do contexto de sua história. Esta é uma ideia poderosa. E, o que é ainda mais incrível, José faz isso em voz alta com a esposa de Potifar parada à sua frente.

Permita-me parafrasear.

> Sra. Potifar, vim para esta terra como escravo. Não tenho direitos nem futuro. O seu marido me comprou e me tratou com gentileza. Dei o melhor de mim para servir a ele e à sua família como se fosse a minha. Trabalhei duro. Fiz tudo o que me foi exigido. Com a ajuda do meu Deus, abri caminho até o ponto de ganhar a confiança do seu marido em tudo. Sou responsável por tudo na sua casa.

Então ele diz, e cito...

> Comigo no comando. "[...] Meu senhor não se preocupa com coisa alguma de sua casa, e tudo o que tem deixou aos meus cuidados. Ninguém desta casa está acima de mim. Ele nada me negou, a não ser a senhora, porque é a mulher dele". [3]

Concluindo, sra. Potifar, essa é a sua história! Realmente a senhora precisa pensar nisso. Quer mesmo "uma aventura com

---

[3] Gênesis 39.8-9.

A QUESTÃO DO LEGADO

um escravo hebreu" no seu currículo de vida? Tem certeza de que quer que isso seja parte da sua história?

Então, José faz uma pergunta extraordinária.

Diante de tudo o que aconteceu. Diante da confiança do seu marido em mim e da misericórdia de Deus para comigo...

> "[...] Como poderia eu, então, cometer algo tão perverso e pecar contra Deus?"[4]

Em outras palavras, por que eu iria querer adicionar *adultério* e *traição* a uma história que tem sido boa com um final que nunca sonhei ser possível? Pense nisso, sra. Potifar, que história prefiro contar?

> **História número 1:** O seu marido me deu uma oportunidade que nunca sonhei ser possível, então fui fiel a ele e a Deus, que está cuidando de mim.

Ou

> **História número 2:** O seu marido me deu uma oportunidade que eu nunca sonhava ser possível, então tirei vantagem da confiança dele e tive um caso com a esposa dele, desonrando tanto a ele como ao meu Deus.

O narrador continua:

> Assim, embora ela insistisse com José dia após dia, ele se recusava a deitar-se com ela e evitava ficar perto dela.[5]

[4] Gênesis 39.9.
[5] Gênesis 39.10.

José sabia que sua decisão, qualquer que fosse, seria parte permanente de sua história. Assim, optou por não ceder ao pedido dela. Contudo, aquilo era humilhante para a esposa de Potifar e, por isso, ela o acusou de tentar estuprá-la. Potifar não teve escolha a não ser responder à acusação da esposa castigando José. O fato de não ter mandado executar José implica provavelmente não ter acreditado na esposa. Contudo, as mãos dele estavam atadas. Dessa forma, mandou jogar José na prisão em que os presos políticos eram mantidos.

Não foi um ótimo final para aquele capítulo da história de José.

Apesar do revés, o autor nos assegura: "mas o SENHOR estava com ele [José]".[6]

Isso é um pouco estranho...

Se estivesse *com* José, o Senhor teria evitado que tudo aquilo tivesse acontecido com José desde o princípio. Não é isso que o Senhor faz? Se estivesse com José, o Senhor o teria feito voltar para a casa do pai e da esposa favorita do pai enquanto seus irmãos assassinos estariam cumprindo pena no Egito, certo? Se o Senhor estivesse com José, a esposa dissimulada e maldosa de Potifar teria sido descartada, e José teria sido recompensado por sua integridade. Coisas boas não acontecem para as pessoas boas?

Tudo nesse caso parece estar errado.

Mas a história de José não acabou.

E, independentemente do que você esteja passando agora, a sua história também não acabou.

Ainda está sendo escrita.

Assim como a de José.

Uma decisão de cada vez.

---

[6] Gênesis 39.21.

A QUESTÃO DO LEGADO

OS OLHOS DO CARCEREIRO

Quando José chega à prisão, ele elimina de seu manual uma página que contém o subtítulo "Vida com Potifar".

E se mantém ocupado.

Faz o que lhe pedem e o que percebe que precisava ser feito. Em pouco tempo, é eleito o prisioneiro mais popular pelo carcereiro. Isso não era algo que ele desejava incluir em seu currículo. Além disso, se o Senhor está ao seu lado, você não deveria conhecer nem ser conhecido por um carcereiro. Não profissionalmente, pelo menos. Por fim, o carcereiro passa a maior parte de seus deveres administrativos para José, que praticamente administrava o lugar. Mas aquele é o último lugar em que José quer estar.

Só que é o lugar em que ele permanecerá.

Durante oito longos anos.

É possível que você saiba como a história de José acabou, mas ele não sabia. Até onde ele sabia, a prisão era tudo o que conheceria pelo restante da vida. No entanto, de alguma forma, decisão atrás de decisão, José continua escrevendo sua história. Uma boa história. Uma história que ele duvidava que alguém jamais fosse ouvir, muito menos contar. Certamente ninguém a leria. Ninguém se daria ao trabalho de documentar a história de um menino hebreu vendido como escravo por seus irmãos. Tais medidas eram reservadas para as histórias dos faraós.

No seu capítulo de oito anos de prisão, José fica encarregado de dois novos presos — ambos ex-funcionários de ninguém menos que o próprio faraó: seu padeiro e seu copeiro. Não muito depois do encarceramento, os dois cavalheiros têm sonhos dos quais estão convencidos ter algum significado. Mas nenhum conseguia dar sentido aos detalhes. Durante o café da manhã, José nota os olhares angustiados no rosto deles e expressa sua preocupação. Eles contam sobre os sonhos e sobre a confusão quanto ao significado. José garante a eles que a interpretação dos sonhos pertence a seu Deus e, com sua permissão e cooperação, ficaria feliz em interpretá-los.

O sonho do copeiro é o primeiro.

Quando termina de contar o que se lembrava sobre o sonho, José sorri e diz:

> "Dentro de três dias o faraó vai exaltá-lo e restaurá-lo à sua posição; e você servirá a taça na mão dele, como costumava fazer quando era seu copeiro".[7]

Mas o que José diz a seguir é uma das minhas partes favoritas da história dele, pois nos lembra de que ele era humano. Claro, Deus estava com ele, mas ele estava pronto para Deus estar com ele em outro lugar! Então José diz ao copeiro:

> "Quando tudo estiver indo bem com você, lembre-se de mim e seja bondoso comigo; fale de mim ao faraó e tire-me desta prisão [...]"[8]

Em seguida, José ensaia um pouco de sua história.

> "[...] pois fui trazido à força da terra dos hebreus, e também aqui nada fiz para ser jogado neste calabouço".[9]

José estava tomando as melhores decisões possíveis, dadas as circunstâncias. Entretanto, não estava feliz nem contente com elas.

[7] Gênesis 40.13.
[8] Gênesis 40.14.
[9] Gênesis 40.15.

A QUESTÃO DO LEGADO

Depois de ouvir a interpretação favorável de José sobre o sonho do copeiro, o padeiro está ansioso para compartilhar o dele. Ao terminar, imagino que José estava tentado a dizer: "É muito difícil. Não tenho ideia do que o seu sonho significa".

Contudo, ele não faz isso.

> E disse José: "Esta é a interpretação: As três cestas são três dias. Dentro de três dias o faraó vai decapitá-lo e pendurá-lo numa árvore. E as aves comerão a sua carne".[10]

E o padeiro provavelmente pensou: "Eu deveria ter guardado meu sonho para mim".

Com certeza, assim como José prevê, três dias depois, o Faraó comemora seu aniversário com o copeiro restituído e o padeiro empalado. Quando a guarda do faraó aparece com ordens para soltar o copeiro, imagino que José tenha começado a fazer as malas. Certamente, por gratidão, o copeiro atenderia seu pedido. Com certeza, seria uma questão de dias, talvez horas, até que fosse libertado. Mas isso não acontece. O que se segue talvez sejam as palavras mais tristes na versão brasileira da Bíblia hebraica. O autor escreve:

> O chefe dos copeiros, porém, não se lembrou de José; ao contrário, esqueceu-se dele.[11]

É difícil ter uma boa história quando se foi esquecido, não é mesmo?

Quando sentimos que nada do que fazemos importa, é difícil nos preocuparmos com o que fazemos. Quando deixamos

---

[10] Gênesis 40.18-19.
[11] Gênesis 40.23.

de nos importar porque ninguém mais se importa, ficamos descuidados. Tomamos decisões ruins. Criamos arrependimento. Arrependimento nunca serve para uma boa história.

UM NOVO CAPÍTULO

Mais dois anos se passaram.

José indubitavelmente tinha se resignado de que encontrar graça aos olhos do carcereiro era tudo o que jamais encontraria. Aquilo era o melhor que conseguiria.

Mas, então, tudo muda.

O faraó tem um sonho.

Dois na verdade.

Dois sonhos perturbadores.

O autor nos diz:

> Pela manhã, perturbado, mandou chamar todos os magos e sábios do Egito e lhes contou os sonhos, mas ninguém foi capaz de interpretá-los.[12]

E adivinhe quem finalmente se pronuncia?

Sim, o copeiro. Seguindo toda probabilidade, o copeiro se pronuncia na tentativa de salvar o dia. Quando alguém salvava o dia do faraó, geralmente havia uma recompensa envolvida. O copeiro gentilmente lembra o faraó de sua briga dois anos antes e descreve seu encontro com certo jovem hebreu. Quando o copeiro termina o relato, o faraó manda chamar José imediatamente. Depois de fazer a barba e cortar o cabelo rapidamente, José é levado à presença do homem mais poderoso do planeta.

[12] Gênesis 41.8.

A QUESTÃO DO LEGADO

O faraó não perdeu tempo e logo transmitiu seus sonhos a José. José não perdeu tempo e também logo respondeu:

> "O faraó teve um único sonho", disse-lhe José. "Deus revelou ao faraó o que ele está para fazer."[13]

Para resumir uma longa interpretação, o Egito iria experimentar sua própria versão do *boom* econômico seguida imediatamente de sua própria versão da Grande Depressão. Só que o *boom* seria muito mais próspero e a depressão seria muito mais deprimente.

A economia egípcia era impulsionada pelos preços dos grãos, que, obviamente, eram determinados pela disponibilidade dos grãos. Como o pão era a principal fonte de alimento na antiguidade, a disponibilidade de grãos muitas vezes representava a diferença entre sobreviver e morrer de fome. Segundo José, o Egito estava prestes a experimentar sete anos de abundante produção de grãos. Eles estariam nadando em grãos antes que esse período acabasse. Mas, quando acabasse, acabaria tudo, não sobraria nada. Após sete anos consecutivos de colheitas abundantes, ninguém seria capaz de cultivar coisa alguma. Após os bons anos, haveria fome na terra, uma fome tão severa que seria impossível lembrar os bons anos.

Aparentemente, a interpretação de José deixa todos na sala do trono sem palavras, porque José fala de forma bem incisiva. Após encerrar a tarefa de interpretação dos sonhos, José faz o impensável e começa a dar conselhos ao faraó sobre como se preparar para a fome vindoura. Isso inclui que o faraó encontre alguém em quem confie, deixando essa pessoa encarregada da

---

[13] Gênesis 41.25.

coleta de grãos durante os bons anos para que a nação esteja preparada para os anos ruins.

A resposta do faraó?

> O plano pareceu bom ao faraó e a todos os seus conselheiros. Por isso o faraó lhes perguntou: "Será que vamos achar alguém como este homem, em quem está o espírito divino?".[14]

O faraó vê em José um homem no qual pode confiar. Potifar atestaria por ele. O carcereiro atestaria por ele. O copeiro já havia atestado por ele. A reputação de José era impecável. A trajetória dele era impecável. Ele não tinha nada a esconder. Nada do que se envergonhar. Antes do final do dia, o faraó nomeia José primeiro-ministro do Egito. Sua principal responsabilidade é armazenar grãos para sustentar a nação durante a fome vindoura.

O biógrafo de José para neste ponto do relato para dizer aos leitores que José tinha 30 anos quando ficou diante do faraó. Durante treze inimagináveis e difíceis longos anos, José escreveu sua história ao tomar uma decisão de cada vez, e essa história abriu o caminho para que ele se tornasse a segunda pessoa mais poderosa da nação que representava a superpotência daquela época... o Egito.

Com seu novo título e responsabilidade, José fez o que José sempre fez.

Deu o seu melhor.

Nos sete anos que se seguiram, José se concentra em desenvolver uma rede de instalações de armazenamento de grãos em

---

[14] Gênesis 41.37-38.

A QUESTÃO DO LEGADO

todo o Egito. Ao final dos sete anos de superabundância, o Egito estava preparado para o que estava por vir. E veio. Uma fome devastou aquela região do mundo. Não era possível cultivar nada em lugar nenhum. As áreas ao redor do Egito foram as primeiras a sentir o efeito da fome. Foram pegas completamente desprevenidas. Por fim, até mesmo a população egípcia esgotou os grãos excedentes e clamou ao faraó por alívio. Em resposta, José abriu os armazéns e começou a vender grãos aos egípcios. Rapidamente se espalhou a notícia de que havia grãos no Egito. Pouco depois, os estrangeiros chegavam às fronteiras do Egito para comprar grãos.

Nesse momento, a história de José toma um rumo interessante, uma virada que o preparou para a decisão mais importante e mais difícil de sua vida.

LAÇOS DE FAMÍLIA

Quando o pai idoso de José soube que havia grãos para comprar no Egito, mandou os irmãos de José prepararem as malas. Ao chegarem ao Egito, aconteceu de aparecerem justamente no centro de distribuição de grãos que José estava visitando naquele dia. José os reconheceu imediatamente. Mas eles não faziam ideia de quem ele era. Para a família, ele era o segundo homem mais poderoso na terra. Então eles responderam adequadamente.

Inclinaram-se com o rosto voltado para o chão.

Imagine o momento.

O que acontece em seguida é fascinante. Por uma questão de tempo, de espaço e de interesse, vou pular para o episódio final da história de José. Caso você nunca tenha lido o relato da resposta inicial de José a seus irmãos, vale a pena dar uma olhada.[15]

---

[15] Ver Gênesis 42-44.

Contudo, antes de chegarmos à resposta de José, façamos uma pausa, vamos nos colocar no lugar dele por um momento e imaginar como ele *sentiu* vontade ao responder e como teria se *justificado* ao responder. Quando tinha 17 anos, esses dez homens adultos o *venderam* a estranhos sem se preocupar com o que aconteceria com ele. Tiraram proveito de sua tristeza, de seu pavor, de seu terror, de sua desesperança e de sua separação. O que quer que sonhasse fazer com eles certamente seria justificado. E ele tinha o poder de fazer seja lá o que quisesse e da forma que desejasse..

O que você faz quando tem o poder e as suas decisões determinam o destino do seu inimigo?

O que você *decidiria* fazer em um momento como aquele?

Depende da história que você quer contar. A resposta de José a seus irmãos é um lembrete de que circunstâncias desagradáveis criam oportunidades de tomada de decisão sem precedentes, de arregalar os olhos e de chamar a atenção. Quando você decide o que todos esperam que você decida... o que eles fariam se estivessem no seu lugar... ninguém percebe. Mas, quando do você decide contra a norma, contra a maré, contra a natureza humana, a sua história se destaca.

O autor descreve a revelação de José da seguinte forma:

> A essa altura, José já não podia mais se conter diante de todos os que ali estavam, e gritou: "Façam sair a todos!" Assim, ninguém mais estava presente quando José se revelou a seus irmãos.[16]
>
> Então disse José a seus irmãos: "Eu sou José [...]".[17]

[16] Gênesis 45.1.
[17] Gênesis 45.3.

A QUESTÃO DO LEGADO

Ele poderia ter acrescentado:

... e eles molharam as calças.

Imagine os pensamentos que inundaram a mente daqueles homens. O biógrafo de José registra o seguinte:

[...] os seus irmãos ficaram tão pasmados diante dele [...][18]

Estavam apavorados porque presumiram que José decidiria fazer com eles o mesmo que eles decidiram fazer com ele. Mas José não era nada parecido com os irmãos. Fazia anos que ele havida decidido viver uma história que valeria a pena ser contada. Há treze anos estava escrevendo uma boa história. Não iria arruiná-la agora com um capítulo de vingança. Eles não precisavam ficar aterrorizados na presença do irmão, porque, durante sua ausência, José viveu como se Deus estivesse presente. Então, além de resgatar a nação de uma fome devastadora, José resgatou seus irmãos e suas famílias. Ele transferiu todos para o Egito e lá eles se estabeleceram permanentemente como hóspedes e parentes do primeiro-ministro.

Boa decisão.

Boa história.

É por isso que ela ainda é contada. Histórias de vingança? Existem muitas delas. É o que esperamos. É quando decidimos ir contra o natural que decidimos se uma história vale a pena ser repetida.

Antes de concluir a história de José, vamos considerar por um momento o contraste entre José e seus irmãos. Os irmãos

[18] Gênesis 45.3.

decidiram escrever uma história que passaram a vida toda escondendo. Uma história que os tornou mentirosos para a vida inteira. José tinha uma história da qual se orgulhava de contar.

Assim como José e seus irmãos, você e eu estamos escrevendo a nossa história uma decisão de cada vez, um dia de cada vez.

Pense sobre isso.

Você está escrevendo a história que é a sua vida, todos os dias, uma decisão por vez. Se você não aprender mais nada com a história de José, espero que aprenda o seguinte: nunca tome uma decisão que fará de você um mentiroso pelo resto da sua vida. Muito tempo depois de o que quer que seja que você tenha ganhado com isso desaparecer, você ainda ficará com a mentira. Você ficará com uma história que não terá orgulho de contar.

Que história você quer contar?

CONTINUANDO A CONTAR HISTÓRIAS

Tenho um amigo próximo que passou por um processo de divórcio doloroso e interminável vários anos atrás. A esposa dele foi infiel. Inicialmente, ela abandonou o meu amigo e seus dois filhos para morar com o namorado. Não havia obstáculo algum para ela quando se tratava de conseguir o que queria. Por fim, ela reconheceu que as crianças eram sua melhor vantagem e, subitamente, a única coisa que queria eram as crianças.

Jimmy estava magoado, mas ele também estava com raiva, especialmente quando a esposa começou a manipular as crianças para conseguir o que queria. Durante todo o processo, ela mentiu sobre o romance que teve, destruiu a reputação do ex-marido e consumiu dezenas de milhares de dólares em custas judiciais desnecessárias e honorários advocatícios.

A QUESTÃO DO LEGADO

No início do que viria a ser uma batalha judicial de dois anos e meio, Jimmy e eu saímos para jantar. Basicamente, eu disse a ele o que tenho dito a você:

Acredite ou não, um dia, toda essa provação nada mais será do que uma história a ser contada. Um dia, estará no espelho retrovisor da sua vida. Será apenas mais uma história; uma história dolorosa, mas apenas uma história.

E então, perguntei a ele o que tenho perguntado a você. Eu disse:

"Jimmy, que história você quer contar? Que história você quer contar aos seus filhos quando tiverem idade suficiente para entender e começarem a fazer perguntas difíceis? Quando quiserem saber os detalhes sobre o que aconteceu entre você e a mãe deles? Que história você quer contar? Cada decisão que você toma, cada comentário crucial que você deixa escapar, torna-se parte da sua história".

Eu o avisei...

"Você se sentirá tentado a criticar a sua esposa na frente das crianças. Será tentado a procurar maneiras de magoá-la do jeito que ela o magoou. Mas lembre-se de que cada decisão que você tomar se transformará em uma parte permanente da sua história."

Ele chorou.
Eu chorei.

MELHORES DECISÕES, MENOS ARREPENDIMENTOS

Ele concordou. "Quero escrever uma história que valha a pena ser contada."

E ele a escreveu. E continua escrevendo.

Durante meses, ele me ligava a cada uma ou duas semanas e deixava uma mensagem de voz ou de texto dizendo: "Andy, ainda posso contar toda a minha história". Se você tivesse a oportunidade de conversar com Jimmy, ele olharia nos seus olhos e diria que, independentemente do que você está passando, um dia simplesmente será uma história a ser contada. Então, ele diria a você o que eu lhe disse: "Escreva uma história que você queira contar. E lembre-se de que você faz isso um dia por vez, uma decisão de cada vez".

Cada decisão que você toma se torna parte da história da sua vida. Cada decisão de relacionamento, financeira e profissional, bem como os resultados dessas decisões, transformam-se em partes permanentes da sua história. Todos nós já vivemos o suficiente para termos alguns capítulos que gostaríamos de poder apagar.

Sem dúvida você tem algumas histórias que gostaria de poder reescrever. Todos temos. Chamamos isso de arrependimento. Contudo, o mais provável é que as decisões que o levaram aos seus maiores arrependimentos poderiam ter sido evitadas se você tivesse feito uma pausa para se perguntar: "Que história quero contar?".

De agora em diante, escreva uma história que vale a pena ser contada. Escreva uma história da qual se orgulhe de contar. Se você está no meio de uma tomada de decisão agora, pare e pergunte a si mesmo: Das opções disponíveis, qual eu quero que seja parte permanente da história da minha vida?

No Capítulo 2, desafiei você a decidir ser honesto consigo. Ao concluir este capítulo, quero desafiá-lo com uma segunda decisão.

A QUESTÃO DO LEGADO

Decisão número 2: A decisão do legado
Decidirei escrever uma história da
qual tenho orgulho de contar.
Não vou decidir nada que faça de
mim um mentiroso para a vida toda.

Cada decisão tomada transforma-se em uma parte permanente da sua história. A história da sua vida.

Que história você quer contar?

Que história você quer que seja contada *sobre* você?

A boa notícia é que você decide, mas você toma uma decisão por vez, pois você escreve a história da sua vida... uma decisão de cada vez.

Escreva uma boa história!

CAPÍTULO 4

A questão da consciência

Há alguma tensão que mereça a minha atenção?

Achei que seria divertido começar este capítulo com uma pergunta que não tem absolutamente nada a ver com você.

> Por que as pessoas que beberam além da conta tendem a tomar decisões ruins?

Vejo isso com frequência.

— Fazem isso porque beberam além da conta?

Não.

Mais alguém quer dar um palpite?

Pense nisso.

Você já ouviu as histórias. Talvez até *tenha* algumas histórias próprias. Algumas podem ser engraçadas, algumas trágicas, outras... ainda estão um pouco nebulosas.

Então, qual é a correlação entre o consumo de álcool e a tomada de decisão ruim? Pelo que sei, não há correlação entre o álcool e a *boa* tomada de decisão. Nunca ouvi uma história que terminasse com: "Pois é, ainda bem que eu estava bêbado; se não estivesse, poderia ter tomado uma decisão muito ruim...."

Voltando à minha pergunta *muito ruim*:

> Por que as pessoas que beberam além da conta tendem a tomar decisões ruins?

Fisiologicamente falando, há duas razões. O álcool aumenta a norepinefrina no cérebro. O aumento dessa substância atua como estimulante. Os estimulantes aumentam a impulsividade e diminuem a inibição. O resultado é a diminuição da sensibilidade às possíveis consequências associadas a uma decisão.

Talvez pior ainda, o álcool prejudica temporariamente a atividade do córtex pré-frontal. Essa é a parte do cérebro que permite conectar os pontos para pensarmos racionalmente e tomarmos boas decisões. Essa é parte do cérebro que só começa a funcionar corretamente quando atingimos 20 ou 21 anos. No meu caso.... bem, essa é outra história.

Enfim.

O álcool permite que a pessoa que o consome aja sem pensar claramente nem sentir apropriadamente. Faz a pessoa se achar corajosa quando deveria ser prudente, barulhenta quando deveria ficar quieta. Ron White ilustrou perfeitamente ao descrever o que aconteceu depois da prisão por embriaguez pública:

> Eu tinha o *direito* de permanecer em silêncio.
> Mas não tive a *capacidade* de fazê-lo.

As pessoas que beberam além da conta tendem a tomar decisões ruins porque ficam temporariamente insensíveis aos sinais sociais, culturais e relacionais. Ficam quimicamente

A QUESTÃO DA CONSCIÊNCIA

impedidas de apresentar um pensamento racional. Ignoram o óbvio porque deixa de ser óbvio.

Para elas.

Assim, as pessoas embriagadas não conseguem se controlar simplesmente pelo fato de estarem embriagadas.

Quando alguém está embriagado, não ignora *conscientemente* o senso comum. Não está ali para ser ignorado. Não ignora *conscientemente* a consciência. Foi reprimido, desconectado. É por isso que no dia seguinte as pessoas... vocês?... mandam mensagem para um amigo, indagando:

— Eu fiz o quê?

— Tem certeza? Eu nunca faria...

— Filmaram?

Contudo, o que isso tem a ver com você?

Bem, se você estiver embriagado, deveria ser óbvio, porém não é. Já falamos sobre isso.

Se não estiver embriagado, o que quero dizer é o seguinte.

Pessoas embriagadas *não conseguem* prestar atenção nos sinais em torno delas nem na tensão interna que deveriam sentir. Entretanto, nós, pessoas sóbrias, muitas vezes somos culpados por *escolhermos* ignorar os sinais *ao nosso redor* e a tensão *interna* que existe nós. As pessoas embriagadas não conseguem prestar atenção nos sinais sociais, culturais e relacionais. Entretanto, todos nós já vimos pessoas sóbrias se recusarem a prestar atenção nesses mesmos sinais. Os embriagados não estão nem mesmo conscientes da própria inconsciência. Contudo, todos nós vimos o que acontece quando as pessoas sóbrias optam por ignorar a consciência, essa tensão interna que sempre merece a nossa atenção.

Pessoas embriagadas não *conseguem* se controlar.

Mas as pessoas sóbrias geralmente *não* se controlam.

E isso nos leva à terceira pergunta que devemos fazer após um momento de pausa sempre que tomamos decisões, mesmo que moderadamente importantes.

Pergunta número 3:
A questão da consciência
Há alguma tensão que mereça a minha atenção?

PRESTANDO ATENÇÃO

Às vezes... na verdade, mais vezes do que gostaríamos de admitir... uma opção que estamos considerando cria um pouco de tensão dentro de nós. Algo em relação àquilo nos deixa um tanto desconfortáveis. Algo em relação àquilo não parece exatamente correto. É algo que nos faz dar uma pausa, que nos incomoda e nos faz hesitar. Muitas vezes, não temos ideia do porquê.

Especialistas às vezes se referem a esse fenômeno como *sinal de alerta vermelho*, uma sensação interna de "não sei por quê, mas algo em relação àquilo não parece certo". Quando isso acontece, fazer uma pausa e prestar atenção na tensão é um dever consigo mesmo.

Não ignore isso.

Não descarte isso.

Faça uma pausa e pergunte a si mesmo: "O que é isso que me incomoda?".

Não é fácil fazê-lo. Não é fácil pelas mesmas razões que já mencionamos. O focalismo deixa tudo nublado e exagera as coisas. O viés de confirmação distorce as coisas. As nossas agendas diárias comprimem as coisas. Às vezes, *estamos* com pressa. Às vezes, a *outra pessoa* está com pressa. O vendedor está sempre com pressa. Para complicar ainda mais as coisas,

A QUESTÃO DA CONSCIÊNCIA

na maioria dos casos ficamos com a impressão de sermos os únicos que se incomodam. Olhamos ao redor e ninguém mais parece estar incomodado. Ninguém mais parece estar lidando com dramas de consciência. Como Joshua Nash adverte, geralmente é um erro avaliar os sinais entre o que incomoda ou não as demais pessoas quando algo nos perturba:

> Por causa da pressão de se adaptar e de agradar, pode acontecer de tomarmos decisões que não se alinham com o nosso bem maior. Quando tomamos decisões por medo de sermos julgados ou rejeitados, nós nos condenamos a tomar decisões que agradam às pessoas.[1]

Tudo isso torna difícil fazer uma pausa e prestar atenção na tensão.

Pessoas embriagadas não conseguem.

Nós conseguimos.

Nós deveríamos conseguir.

Para que fique claro, não estou sugerindo priorizar a emoção sobre a razão no processo de tomada de decisão. Contudo, estou sugerindo que você preste atenção no que inicialmente parece ser uma emoção irracional. As emoções desempenham um papel importante na boa tomada de decisão. Como Paul Naeger nos lembra em seu excelente artigo *"Red Flag" Decision Making* [Sinal de advertência na tomada de decisão, em tradução livre],

---

[1] NASH, Joshua. LPC-S, 3 Red Flags You're About to Make a Decision You'll Regret. **GoodTherapy.org**, 11 abr. 2016 . Disponível em: https://www.goodtherapy.org/blog/3-red-flags-youre-about-to-make-decision-youll-regret-0411164. Acesso em: 5 out. 2022..

As emoções servem a um propósito: informar-nos sobre o que fazer. Se o nosso cérebro se depara com algo e o categoriza como um "sinal de advertência", seremos notificados pelos pensamentos e sentimentos criados pela emoção. Esses "sinais de advertências" nos alertam a prestar atenção. As nossas emoções atuam como um sistema de sinalização que nos notifica a prestar atenção e agir.[2]

Esses momentos de "sinais de alerta" são, na verdade, uma parte específica do cérebro que nos avisa para prestar atenção. E, quando fazemos uma pausa, temos mais chances de tomar uma boa decisão. Portanto, fique atento à tensão.

PRESTE ATENÇÃO NA SUA MÃE

Há uma segunda versão menos sutil desse mesmo fenômeno. Aposto que isso já aconteceu com você uma ou duas vezes. Você pensa em algo... e não se sente incomodado com isso... mas, então, alguém vem e aponta algo em que você não tinha pensado. Algo que não tinha visto. De repente, onde não havia tensão, ela passa a existir; onde não havia hesitação, você se vê questionando a intenção original. Muitas vezes, é irritante.

Muitas vezes, é a sua mãe.

"Querido, tudo isso parece muito bom, exceto pelo fato de que é contra a lei."

Anos atrás, Sandra e eu compramos uma propriedade residencial que na época parecia estar distante da civilização. A nossa intenção era vender a nossa casa, pagar aluguel por um

---

[2] NAEGER, Paul Andrew. "Red Flag" Decision Making. In: **Penn State's Cognitive Psychology Blog**, 4 ago. 2015. Disponível em: https://sites.psu.edu/pscyh256su15/2015/08/04/red-flag-decision-making/. Acesso em: 7 out. 2022.

A QUESTÃO DA CONSCIÊNCIA

ano ou dois, e então construir na nova propriedade. Seis meses depois que fechamos o negócio, começamos a ter dúvidas. Toda vez que dirigíamos "até lá", nós nos lembrávamos de como "até lá" ficava longe da família, dos amigos, de uma mercearia, de uma drogaria... de tudo praticamente. Então decidimos vender o imóvel, confiantes de que tínhamos tomado uma decisão ruim ao comprá-lo. Estávamos a dois dias de anunciar o imóvel quando a minha mãe ligou:

> — Andy, estive pensando no seu terreno. E senti que deveria dizer a você que acho que você vai se arrepender de vendê-lo.

"*Senti* que deveria dizer a você..."

O que aquilo queria dizer de fato? Ela *sentiu*? O que os *sentimentos* da minha mãe têm a ver com isso? Ou com qualquer coisa nesse sentido?

A minha mãe estava com 60 e tantos anos na época. Tinha visitado a propriedade uma vez. Nunca trabalhou no setor imobiliário. Na verdade, nunca trabalhou em setor algum. E, realmente não era da conta *dela*. Contudo, é claro que fui educado. Agradeci a ela pela preocupação. Quando desliguei o telefone, contei para a Sandra sobre a nossa conversa, a nossa breve conversa. Nós dois agradecemos pela preocupação dela. Ficamos gratos por ela ter tido a liberdade de nos contar o que estava sentindo. Contudo, o "... senti que deveria dizer a você..." não era motivo para reverter a nossa decisão.

Mas foi o que fizemos.

E estou muito feliz por termos feito isso.

Esse episódio aconteceu há vinte e um anos. Moramos nessa propriedade nos últimos dezenove anos. É o lugar em que criamos os nossos filhos. Se tivéssemos vendido, teríamos lamentado pelo resto da nossa vida. A civilização chegou até lá, e os valores das propriedades se atualizaram. Entretanto, o estranho é o seguinte: nem a Sandra nem eu conseguimos lembrar exatamente o que aconteceu no telefonema da minha mãe que nos fez mudar de ideia. Já tínhamos tomado a nossa decisão. A minha mãe não acrescentou nenhuma nova informação ou nova percepção ao processo. O que o telefonema dela acrescentou foi a dúvida, a tensão. E por razões que até hoje não entendo... apenas sabíamos... apenas precisávamos prestar atenção na tensão. Como resultado, concluímos que ela estava certa. Por quê? Ainda não sei, mas o fato é que simplesmente sabíamos.

Há alguma tensão que mereça a sua atenção?

Você tem tempo para mais uma história?

Durante o meu último semestre da faculdade, eu estava tentando decidir entre três opções de curso de especialização. Havia sido aceito em dois, mas nem me incomodei em fazer a inscrição no terceiro porque o programa era mais exigente, tinha um ano a mais, e, portanto, era mais caro. Por fim, optei por um curso em Chicago. Enviei um depósito. Reservei um dormitório, e foi isso.

Ou pensei que fosse.

Até que o meu pai me ligou.

— Andy — ele disse —, eu estava orando hoje pela manhã para que Deus lhe desse sabedoria sobre o curso que você fará no outono. Sei que ele dará. Eu só queria encorajá-lo.

Encorajar-me?

Por alguma razão, o *encorajamento* dele realmente me deixou com raiva.

A QUESTÃO DA CONSCIÊNCIA

Eu não disse a ele que estava bravo. Apenas agradeci. Ele estava fora da cidade, então não conversamos muito. Contudo, quando desliguei o telefone (algo que fazíamos com os telefones na Idade Média), eu me sentia extremamente frustrado. Ele sabia que eu já tinha escolhido um curso, havia enviado o depósito e tinha até um colega de quarto. Ele ligou para me "encorajar", mas não me senti encorajado, fiquei bravo! E aquilo não fazia sentido. Por que eu ficaria irritado com o meu pai orando por mim e me ligando para me contar que estava orando por mim? Ele não era do tipo passivo-agressivo. Se discordasse da minha escolha, teria falado diretamente para mim.

Mas lá estava ela.

A tensão.

Eu já tinha tomado a minha decisão, mas agora estava todo agitado.

Como resultado dessa conversa breve, mas muito perturbadora, eu me inscrevi e frequentei o curso que tinha o programa mais longo e rigoroso. A minha resposta irracional à ligação do meu pai acabou me levando a perceber... voltando à nossa primeira pergunta... que eu não tinha sido honesto comigo mesmo. Eu não tinha sido honesto comigo mesmo, pois não havia me preocupado nem em me inscrever para o terceiro curso. A verdade era que eu estava com medo. Tinha medo de não entrar e, mesmo que entrasse, de não ser capaz de fazer o trabalho.

O que a ligação do meu pai tinha a ver com isso?

Nada.

Entretanto, ela criou uma tensão. Uma tensão que mereceu a minha atenção. E estou muito feliz por ter prestado atenção.

Há alguma tensão que mereça a sua atenção?

AMIGOS NÃO ABANDONAM AMIGOS

Não são apenas os nossos pais. Às vezes é um amigo.

— Parece bom para mim, mas o que a sua esposa vai pensar quando descobrir?

Tensão.

— Você pode pagar por isso?

Tensão.

— Você não assinou uma cláusula de isenção?

Tensão.

— Pensei que você estivesse de dieta...

Intromissão.

O problema de outra pessoa chamar a nossa atenção é que isso cria uma tensão relacional. É uma tensão na qual devemos prestar atenção também. Por quê? Porque temos a tendência de descartar a *verdade* descartando o *portador da verdade*. Sério, o que o seu colega de quarto sabe da vida? Ele não está mais adiantado na faculdade que você. E a sua cunhada? Ela não consegue nem mesmo controlar a própria vida. O seu vizinho? O que ele sabe sobre criação de filhos? Os filhos dele ainda são pequenos. A filosofia tem um nome para essa dinâmica. Chama-se *falácia genética* ou *falácia de origens*. Somos vítimas dessa falácia quando descartamos informações baseadas na *fonte* em vez de no *mérito* da informação. O que a minha mãe sabia sobre imóveis residenciais?

Nada.

Mesmo assim, ela ainda estava certa.

Portanto, preste atenção na tensão, independentemente da fonte. Além disso, você deu a muitas pessoas um monte de conselhos bons que você mesmo não seguiu, não é mesmo? Entretanto, você estava com a razão, certo?

A QUESTÃO DA CONSCIÊNCIA

DEIXE ACONTECER

Ao considerar as opções, ao considerar seguir por um caminho específico, ao considerar o que fazer em seguida, se houver *alguma* hesitação em torno de uma alternativa específica, faça uma pausa e permita... e não sei outra maneira de dizer isso... permita que essa emoção, essa tensão, surja e cresça o máximo possível antes de você tomar a decisão. Não comece tentando convencer a si mesmo. Como discutimos anteriormente, temos a capacidade de convencer a nós mesmos logo após sentirmos aquela tensão irritante que merece a nossa atenção.

Se algo incomoda você, deixe que o incomode. Se algo incomoda você sobre ele... sobre ela... sobre aquele trabalho... aquela oferta... aquele convite... aquele negócio... aquele contrato... encare-o. Abrace-o. Não o justifique. Enfrente essa tensão até que ela desapareça ou até decidir seguir um caminho diferente. Preste atenção na tensão. O que começa como um *sentimento* incômodo é muitas vezes apoiado mais tarde pela razão, pelo conhecimento. Entretanto, se você não fizer uma pausa, não conseguirá enxergar.

QUANDO OS SEGUNDOS CONTAM

Há no Antigo Testamento um relato fascinante que ilustra e ilumina essa dinâmica. Digo *ilumina*, pois, como estamos prestes a descobrir, esta história apresenta circunstâncias paralelas que você experimentará algum dia, se ainda não as experimentou.

A história gira em torno do rei Davi, o segundo rei de Israel, muito antes de se tornar rei. Como você deve saber, Davi entra nas páginas da história como um pastorzinho. Quando ele era criança, um profeta apareceu na casa dele e anunciou para a família que Deus havia escolhido Davi para ser o próximo rei de Israel.

Um bom dia, não é mesmo?

Quando um dos seus filhos é escolhido para ser o próximo rei... certamente o dia se torna bom.

O problema era que Israel já tinha um rei, o rei Saul. Contudo, Saul não estava fazendo um bom trabalho como rei. Então, de acordo para o profeta Samuel, Deus decidiu substituí-lo, mas não com o filho de Saul, como era o costume. Deus decidiu fazer uma mudança de dinastia. Dessa forma, enviou o profeta à casa de Jessé para ungir Davi rei, e o pai de Davi o enviou de volta ao campo para cuidar das ovelhas.

Com o tempo, Davi se tornou um soldado do exército do rei Saul. Em pouco tempo, sua popularidade ofuscou a do rei Saul, que começou a sentir ciúmes e tentou matar Davi.

Davi fugiu da cidade e se tornou um fugitivo. Contudo, àquela altura Davi já tinha se tornado uma lenda. O incidente com Golias quando era mais jovem estabeleceu sua reputação como guerreiro e como líder.

Consequentemente, dezenas e centenas de fugitivos e criminosos se uniram a Davi. Logo ele tinha um pequeno exército próprio; no entanto, era um exército sem uma sede. Um exército formado principalmente por homens que, como Davi, estavam fugindo da lei. E é aí que vamos retomar a história relatada pelo profeta Samuel.

> Saul voltou da luta contra os filisteus e disseram-lhe que Davi estava no deserto de En-Gedi. Então Saul tomou três mil de seus melhores soldados de todo o Israel e partiu à procura de Davi e seus homens, perto dos rochedos dos Bodes Selvagens. Ele foi aos currais de ovelhas que ficavam

A QUESTÃO DA CONSCIÊNCIA

junto ao caminho; havia ali uma caverna, e Saul entrou nela para fazer suas necessidades [...]"[3]

Entendeu o contexto?

Saul e 3 mil soldados estão caminhando pelo deserto à procura de Davi. Sabem que ele e seus homens valentes estão pela vizinhança. Falando em vizinhança, se você visitar Jerusalém, pode realmente dirigir até En-Gedi e ver a área em que Davi se escondeu de Saul. É um deserto rochoso e estéril, com centenas e centenas de quilômetros de extensão, e nas montanhas há cavernas, milhares de cavernas.

Voltemos à história.

No meio da busca por Davi, ocorre o chamado da natureza e o rei Saul tem que ir ao banheiro. Enquanto todos os outros na caravana de Saul teriam que lidar com aquilo de alguma forma, quando se é rei, é possível parar a viagem para cuidar de suas próprias necessidades. Além disso, um rei não se alivia em público. Assim, Saul faz um sinal para que todos os 3 mil homens juntamente com a caravana de burros, mulas, acompanhantes e animais de carga parem. Em seguida, ele se dirige até as colinas para encontrar um local adequado onde possa se aliviar. E o que melhor serviria ao propósito do que uma caverna escura e fria? É aí que a história dá uma reviravolta interessante.

Davi e seus soldados estavam bem no fundo da caverna.[4]

Exatamente na mesma caverna que Saul escolheu aleatoriamente. Quais eram as chances de algo assim acontecer? Isso é o

[3] 1Samuel 24.1-3.
[4] 1Samuel 24.3.

que chamo de estrelas se alinhando... de deuses sorrindo para você. Do ponto de vista de Davi, aquele era o melhor dos cenários.

Aparentemente, quando Davi soube que Saul e sua enorme caravana estavam seguindo em sua direção, ele disse a seus homens para se espalharem pelas colinas da região até avistarem Saul e a comitiva. Naquele momento, Davi e seus homens iriam se reunir e fugir na direção oposta. E tudo estava indo de acordo com o plano até o chamado da natureza para Saul, que desmonta da mula e caminha até a caverna em que Davi e alguns de seus homens estavam escondidos. Quando perceberam que o rei vinha na direção deles, distanciaram-se para ficar na parte mais escura.

No momento em que a silhueta de Saul surge na entrada da caverna, os olhos de Davi já haviam se adaptado à escuridão. Saul, por outro lado, tinha acabado de entrar, deixando para trás o brilhante sol do Oriente Médio, e não conseguia ver nada. Ele entrou apenas o suficiente para garantir a privacidade, tirou o manto, jogou-o para o lado, levantou a vestimenta externa, agachou-se e abriu uma revista.

Bem, na verdade, ele se agachou.

O que você acha que passa pela mente de Davi?

O que passaria pela sua mente se você estivesse na situação de Davi?

Claramente aquilo era um presságio. Um sinal de Deus. Deus havia entregado o inimigo nas mãos dele. O que mais poderia significar? Davi já havia sido ungido rei. Todos em Israel sabiam que ele era o próximo governante. A única coisa que estava em seu caminho era o atual monarca. E ali estava Saul, desprotegido e quase tão vulnerável como um rei pode ficar. Se Davi não estava pensando assim, sabemos que seus homens estavam, pois o que acontece a seguir nos mostra isso:

A QUESTÃO DA CONSCIÊNCIA

> Eles disseram: "Este é o dia sobre o qual o SENHOR lhe falou: 'Entregarei nas suas mãos o seu inimigo para que você faça com ele o que quiser'". Então Davi foi com muito cuidado e cortou uma ponta do manto de Saul, sem que este percebesse.[5]

Isso foi exatamente o que Davi prometeu a seus homens que aconteceria. Quando estavam sentados ao redor de uma fogueira à noite, longe de suas famílias, impossibilitados de ir para casa por estarem com a cabeça a prêmio, Davi lhes assegurou que não seria daquele jeito para sempre. Por fim, ele garantiu que tomaria seu legítimo lugar de rei, e, quando chegasse a hora, os que tivessem sido leais a ele durante os anos difíceis seriam recompensados generosamente.

Agora a espera havia acabado!

Decisão tomada.

Mate o rei e volte para casa.

Imagine a ilusão. Três mil soldados esperam enquanto Saul entra na caverna. Então, espantados, veriam Davi saindo de lá com a cabeça decepada de Saul, erguida pelos cabelos. Os homens de Saul imediatamente proclamariam Davi rei. Sem guerra civil, sem derramamento de sangue. Na verdade, mínimo derramamento de sangue. Milhares de vidas seriam poupadas. Seria perfeito. Mais uma vez, não havia decisão a ser tomada. Era uma questão de "matar o rei antes que ele o matasse!". Além disso, que outras opções havia? Continuar sendo criminosos pelo resto da vida? Aquilo precisava acabar, e aquele era o momento perfeito para executar o plano.

[5] 1Samuel 24.4.

Imagine a emoção na caverna naquela tarde, a adrenalina. Imagine a pressão que Davi sentiu para agir, para salvar seus homens de mais um período em que ficariam se escondendo como bandidos e arriscando a vida dia após dia. Mas Davi sentiu algo a mais também: uma tensão, uma hesitação. Algo não estava exatamente certo em relação a tudo aquilo. Contudo, a hesitação interna não fazia sentido diante das circunstâncias com que ele e seus homens leais se deparavam.

Dessa forma, ele decidiu finalmente agir.

"Então Davi foi com muito cuidado [...]"[6]

Davi pega a adaga e rasteja atrás de Saul com a intenção de acabar com a vida dele. Seus homens o observam do lugar em que estão. Se Davi for bem-sucedido, o mundo, como eles o conhecem, mudaria instantaneamente. Entretanto, à medida que Davi se aproxima, a tensão se intensifica. Apesar de parecer não haver alternativa, Davi prestou atenção na tensão. Fez uma pausa por tempo suficiente para permitir que aquilo que o estava incomodando realmente o incomodasse. E, em algum momento entre sair do esconderijo no fundo da caverna e atingir as costas desprotegidas de Saul, Davi faz uma pausa para pensar. Literalmente, a poucos metros de distância, a segundos de distância de uma decisão que todos aplaudiriam, ele ganha clareza em relação à tensão que havia chamado sua atenção.

Ele estava prestes a matar o rei!

Aquilo não podia estar certo.

Além disso, Davi estava ciente de *quem* havia escolhido Saul como rei, para começo de conversa.

---

[6] 1Samuel 24.4.

A QUESTÃO DA CONSCIÊNCIA

Era o mesmo Deus que, por meio do mesmo profeta, o escolhera para ser rei quando criança. Quem era ele para substituir o homem que havia sido estabelecido por Deus? Não era função dele matar o rei, mesmo que o rei estivesse tentando matá-lo. Apesar da pressão inimaginável para agir, apesar das expectativas dos que estavam a seu redor, Davi muda o rumo.

Mais para a frente, retomaremos essa história. Todos temos algo em comum com Davi nesse momento da narrativa. Davi não sabia qual seria o resultado de sua decisão de matar Saul. Não havia garantia alguma de que as coisas sairiam de acordo com o previsto, certo? Ele achava que sabia. Seus homens achavam que sabiam. Mate o rei, torne-se o rei. Problema resolvido, certo? Mas não havia garantia de que aquele seria o resultado.

Por favor, entenda bem isso.

Uma das razões pelas quais ignoramos a tensão quando tomamos decisões... uma razão pela qual passamos e ignorar o conselho de outras pessoas ou a voz da nossa consciência é: *acreditamos que podemos prever os resultados*. Não é mesmo? Achamos que sabemos, mas não sabemos. Nem sempre conseguimos prever os resultados com precisão, não é mesmo? Alguém consegue? Se você já se decepcionou, sabe do que estou falando.

O que é decepção?

A decepção está sempre ligada a um resultado inesperado. Quando você toma uma decisão supondo um resultado e ele não se materializa, o que você experimenta? Decepção. Ignorar essa tensão interna prepara você para a decepção. Prestar atenção nela faz que você evite decepções desnecessárias.

Voltemos à história de Davi.

A poucos metros de Saul, ocorre o seguinte a Davi: só porque mato o rei não significa que necessariamente serei proclamado rei. Mas uma coisa é certa... serei o homem que matou o rei! Esse será o meu legado. Essa será a história que serei obrigado a contar aos meus filhos e netos. "Vovô Davi, conte-nos mais uma vez sobre como você se tornou rei. Sabe, a história de como você se aproximou do rei Saul por trás enquanto ele fazia as necessidades e cortou a garganta dele!"

O autor nos diz que Davi estava com a *consciência pesada*.

Sua consciência o incomodava por ter meramente pensado na ação que quase levou a cabo. É assim que sabemos que ele estava prestando atenção na tensão. Estava prestando atenção na consciência dele.

O que acontece a seguir é extraordinário. Davi faz algo que poucas pessoas têm autocontrole para fazer. Ele mudou o rumo no meio do caminho. Em vez de matar Saul, ele se arrasta atrás dele e corta um pedaço de seu manto. Então, volta para o esconderijo e lá estão seus homens totalmente incrédulos. Todos estavam tão perto de ir para casa somente para ver a oportunidade escapar. As expressões no rosto deles diziam tudo. Davi tinha algumas explicações para dar.

> [E] então disse a seus soldados: "Que o SENHOR me livre de fazer tal coisa a meu senhor, de erguer a mão contra ele; pois é o ungido do SENHOR".[7]

Diante disso, seus homens devem ter pensado: *Bem, então deixe um de nós fazê-lo!*

Davi continuou:

> "Que o SENHOR me livre de fazer tal coisa a meu senhor, de erguer a mão contra ele; pois é o ungido do

---

[7] 1Samuel 24.6.

A QUESTÃO DA CONSCIÊNCIA

SENHOR." Com essas palavras, Davi repreendeu os soldados e não permitiu que atacassem Saul. E este saiu da caverna e seguiu seu caminho."[8]

Saul sai da caverna sem ter ideia de como esteve perto de reunir-se com seus antepassados mortos. Em vez disso, ele volta para perto de seus homens, monta novamente em sua mula e está se preparando para continuar a busca por Davi quando de repente ouve uma voz que vinha do local em que tinha acabado de sair. O texto nos diz que Davi saiu da entrada da caverna e começou a chamar o rei.

— Saul, Saul.

Pense no drama. Três mil homens ouvem uma voz, olham e ali mesmo veem o homem que estavam caçando. O homem pelo qual haviam sido pagos para matar. Ali está Davi, na entrada da caverna da qual o rei Saul acabou de sair.

O texto diz que Davi se inclinou diante de Saul na entrada da caverna. Em seguida, ficou em pé, ergueu a ponta do manto de Saul e anunciou a todos os presentes que poderia facilmente ter assassinado o rei, mas decidiu não o fazer. Para todos os que estavam reunidos naquele dia, uma coisa ficou clara: Davi era o melhor homem. Havia poupado a vida de Saul quando Saul teria tirado a dele.

Após um breve discurso, Davi concluiu com esta declaração poderosa, uma declaração que todos devemos levar a sério:

"O SENHOR julgue entre mim e ti [...]."[9]

[8] 1Samuel 24.6-7.
[9] 1Samuel 24.12.

Em outras palavras: "Saul, vou fazer o que é certo, o que é justo. Vou esperar e permitir que Deus determine o resultado desse conflito. Embora essa possa ter sido a pior decisão política, militar e de liderança que já tomei, apesar de perceber que posso ter perdido a minha vida ao permitir que você saísse vivo daqui, não vou resolver essa questão com as minhas próprias mãos. Deus fez que você fosse rei. Não vou substituir o que foi estabelecido por Deus. Vou deixar que Deus tome essa decisão. Não vou brincar de Deus com sua vida nem com a minha. Ele continuou:

> "[...] Vingue ele [o Senhor] os males que tens feito contra mim, mas não levantarei a mão contra ti".[10]

Davi sabiamente decidiu não usar o mau comportamento de Saul como desculpa para fazer coisas ruins. Ele não iria se tornar inimigo do rei.

> "O Senhor seja o juiz e nos julgue. Considere ele minha causa e a sustente; que ele me julgue, livrando-me de tuas mãos."[11]

Surpreendente.

Prestar atenção na tensão inexplicável e aparentemente irracional é importante para todos nós. Contudo, para todos que acreditam em um Deus pessoal, um Deus que genuinamente se importa conosco... isso é extraordinariamente importante.

E a razão disso é a seguinte.

A hesitação interna, o sinal de alerta, muitas vezes é a maneira que Deus tem de nos levar em outra direção. As pessoas

[10] 1Samuel 24.13.
[11] 1Samuel 24.15.

A QUESTÃO DA CONSCIÊNCIA

se submeteram a Deus para não tentar brincar de Deus. Elas não preveem resultados. Em vez disso, rendem-se, obedecem e seguem. Por mais que queiram algo, querem ser capazes de deitar para dormir à noite sabendo que as coisas estão bem entre elas e o Pai celestial. E com toda a razão. Como o meu pai gosta de dizer: "Deus assume plena responsabilidade pela vida inteiramente submetida a ele".

Portanto, preste atenção na tensão. Se você não fizer isso, pode acordar do outro lado de uma decisão que gostaria de poder voltar atrás e desfazer.

Esse foi certamente o caso de Saul.

Lá está o rei com todos os olhares focados nele, humilhado por Davi. Tal humilhação não ocorreu pela habilidade militar de Davi, mas pela humildade de Davi, por seu caráter, sua sensibilidade e sua própria consciência. Então, o que você faria em uma situação como essa se fosse Saul? Continuaria a perseguição? Perseguir um homem que poderia ter tirado a sua vida, mas que optou por não o fazer? Até mesmo Saul sabia o que era o certo a ser feito. Sendo assim, ele deu meia-volta com o exército e retornou a Jerusalém.

UM FINAL INESPERADO

Não muito depois do encontro humilhante com Davi, o rei Saul e seu exército se envolveram em uma batalha com os filisteus. À medida que o dia passava, um desconhecido arqueiro filisteu se infiltrou bem atrás da infantaria, lançou uma flecha no céu para que caísse aleatoriamente no meio do exército israelita, e a flecha aleatória do arqueiro desconhecido encontrou uma costura na armadura de Saul e o feriu mortalmente. Saul não quer morrer nas mãos do inimigo, então ele cai sobre a própria espada e morre enquanto o exército israelita é derrotado.

Quando a notícia chega à cidade, os cidadãos não perdem tempo em proclamar Davi rei. Ele se torna rei sem ter de assassinar um rei. Talvez Davi tenha dito a si mesmo: *Bem, se alguém tivesse dito a mim que era assim que tudo ia acontecer, certamente todo aquele episódio da caverna teria sido muito mais fácil.*

Se Deus tivesse aparecido e dito: "Espere, Davi, sete capítulos à frente os filisteus vão cuidar de Saul para você. Relaxe", certamente teria facilitado bem as coisas. Mas não é assim que a vida funciona, não é mesmo? É por isso que temos de prestar atenção na tensão. É por isso que não precisamos ousar resolver as coisas com as nossas próprias mãos. É por isso que não precisamos ousar confiar na nossa capacidade de prever o futuro. Resultados. Por isso você deve se perguntar: "Há uma tensão que mereça a minha atenção?".

TEMPOS DE ESCOLA

Vários anos atrás, eu estava ajudando a minha filha, Allie, a se preparar para uma prova. Ela estava no 8º ano na época. Ao analisarmos seu guia de estudo, lembrei-me de que Garrett, seu irmão mais velho, teve o mesmo professor, naquela mesma série, dois anos antes. Sugeri procurarmos no quarto de Garrett uma prova antiga para estudar... como se faz na faculdade.

Certo?

Quase certo?

Procuramos bastante e encontramos uma prova antiga. Assegurei a Allie que o professor alterava as provas a cada semestre; caso contrário, não as devolveria. Então usamos a prova como estudo. No dia seguinte, ela foi à escola e a prova era a mesma!

Quando ela chegou em casa naquela tarde, perguntei-lhe como *havíamos* ido na *nossa* prova.

A QUESTÃO DA CONSCIÊNCIA

— Pai, você não vai acreditar no que aconteceu — disse ela. — Foi o mesmo teste que Garrett fez. — Então ela comentou:

— Senti como se estivesse trapaceando.

Nesse momento, eu a interrompi e disse:

— Não, não, não. Não foi trapaça.

E continuei a falar, dando a ela minha explicação complexa sobre por que usar uma prova antiga não é trapaça. Se ele fosse um bom professor, teria alterado a prova. Ele sabe que essas coisas ficam soltas por aí. Lembrei a Allie que ela era uma aluna nota 10 e que teria ido bem independentemente de ter visto a prova. Continuei tentando aliviar sua consciência quando ela finalmente me interrompeu e disse:

— Pai, está tudo bem. Eu contei ao sr. Simpson o que aconteceu.

E eu pensei: *O quê? Você denunciou a si mesma?*

Ela continuou:

— Sim, eu disse a ele que tinha uma cópia da prova antiga de Garrett que usei para estudar, e que era a mesma prova.

Pausa.

Não é isso que você teria feito no 8º ano? Não? Nem eu. Eu disse:

— Allie, estou tão orgulhoso de você. Sinto-me mal por tê-la colocado em apuros. O que aconteceu?

— Nada — ela respondeu. — Ele disse que tinha planejado mudar a prova e no último minuto a copiadora não estava funcionando, então usou uma prova antiga, e não havia problema algum.

Felizmente, este não é um livro sobre paternidade.

Allie sentiu uma tensão. Tinha uma decisão a tomar. Uma decisão que ela não esperava ter de tomar. Conto ao meu professor ou não? Quando pensou em "não" contar, havia uma tensão. Simplesmente não parecia ser o certo a ser feito, apesar do

MELHORES DECISÕES, MENOS ARREPENDIMENTOS

que seu pai havia falado. Dessa forma, ela prestou atenção na tensão (em vez de prestar atenção em seu pai) e disse ao professor a verdade. E estou muito orgulhoso por ela ter feito isso.

Linda história.

E então?

EM ALGUM LUGAR

Isso é o que eu sei sobre você: a decisão que está tendo dificuldade de tomar agora está em algum lugar entre escolher se deve ou não contar ao professor de matemática que você estudou por meio de uma prova antiga e se deve ou não assassinar um rei.

Certo?

Mas o princípio é o mesmo. Se há algo em você que você não pode identificar, ou talvez algo que outra pessoa tenha identificado e que o incomoda sobre uma opção que está considerando, faça uma pausa e preste atenção. Essa tensão pode muito bem ser a maneira de Deus proteger você. Pode ser a maneira dele de mostrar que se trata de uma decisão da qual você vai se arrepender depois. Toda vez que você toma uma decisão, especialmente uma decisão que o pega de surpresa, como a decisão de Davi, pergunte a si mesmo: "Há alguma tensão que mereça a minha atenção?". Não a ignore. Não a deixe passar. Deixe que ela o incomode até você saber por que o incomoda.

Nos capítulos 1 e 2, desafiei você a firmar compromissos específicos relacionados a cada uma das nossas duas primeiras perguntas. Aqui estão dois compromissos adicionais que o incentivo a considerar:

Decisão número 3: A decisão da consciência
Farei uma pausa mesmo quando
não conseguir identificar a causa da minha

A QUESTÃO DA CONSCIÊNCIA

hesitação. Vou explorar a minha consciência
em vez de ignorá-la.

Há alguma tensão que mereça a sua atenção?
Se há, preste atenção nela.
Será uma decisão da qual você nunca vai se arrepender.

CAPÍTULO 5

A questão da maturidade

Qual é a coisa mais sensata a ser feita?

Lembra-se do horário limite **para chegar em casa?**

O horário limite é uma péssima ideia.

Bem... a abordagem *tradicional* do horário limite é uma péssima ideia.

Aos 16 anos, a imposição do horário limite me transformou em um motorista excessivamente agressivo durante as noites dos fins de semana.

Durante a semana, ficava tudo bem. Mas na sexta-feira e no sábado à noite? Não muito.

E você já sabe o porquê.

O final de cada encontro era sempre dividido em vários adiamentos de 5 minutos. "Só mais 5 minutos. Posso ficar 5 minutos." Cinco minutos depois: "Posso ficar mais 5 minutos, apenas 5 minutos." Antes que me desse conta, já era hora de estar em casa... você adivinhou. Na verdade, talvez você até se lembre. Eu precisava estar em casa em 5 minutos, independentemente de quantos minutos levaria para chegar!

Quando os meus filhos começaram a dirigir, impus uma versão diferente do horário limite. Não dizia a que horas eles teriam de chegar em casa, dizia a que horas deveriam *sair* de onde estavam para chegar em casa. Graças à tecnologia do celular, eu sabia se saíam na hora.

A NATUREZA HUMANA

Você deve ter experimentado alguma versão da dinâmica do horário limite na vida adulta, alguma versão em que a sua *margem de erro* evaporava ao pensar na ideia de apenas *mais 5 minutos*. Seja mais uma bebida, mais uma mordida, mais uma viagem de negócios, mais uma pilha de fichas, mais um par de sapatos ou mais uma passada de cartão, o resultado é geralmente o mesmo.

Mais qualquer coisa raramente *acrescenta* alguma coisa.

Geralmente subtrai.

Mais alguma coisa frequentemente equivale a menos do que mais valorizamos, o que não faz sentido. Contudo, isso não nos impede de agir dessa forma.

Apesar de fazer um tempo desde que um horário limite ditava os seus hábitos de condução, os seus hábitos de condução atuais são, de fato, influenciados por uma dinâmica semelhante. A menos que seja um motorista excepcional, você dirige dentro da velocidade *permitida* ou ligeiramente *acima* do limite de velocidade estabelecido. Enquanto a maioria das pessoas sente pouca ou nenhuma culpa por dirigir acima do limite de velocidade, *ninguém* quer ser parado por excesso de velocidade. Dessa forma, escolhemos a velocidade da qual estamos convencidos que nos permite *infringir* a lei, evitando um encontro com a lei. E, na maioria dos casos, não ocorre dano algum.

O que quero dizer com isso?

Seja um horário limite para voltar para casa, seja uma dieta, a direção de um carro ou gastos... a nossa tendência natural é viver o mais próximo possível do limite.

A QUESTÃO DA MATURIDADE

Que limite? O limite entre o legal e o ilegal. O limite entre o responsável e o irresponsável. O limite entre o moral e o imoral, o ético e o antiético. O limite entre o "ainda estou no controle" e o "preciso de ajuda". É da natureza humana aproximar-se do limite da irresponsabilidade, do desastre ou do constrangimento, ficando ali o maior tempo possível. A natureza humana sobrevive com o máximo que conseguir sem nos tornarmos o nosso pior inimigo, sem minar o nosso próprio sucesso, sem sermos castigados, expulsos, despedidos ou colocados para fora de casa.

A PERGUNTA ERRADA

Alimentar o nosso flerte incessante com o desastre é uma suposição não examinada que informa a nossa tomada de decisão. As suposições não examinadas são perigosas. Todos nós as temos. Uma suposição ancorada à realidade é útil. Tudo indica que o sol nascerá amanhã, então é preciso colocar o alarme para despertar. Contudo, uma suposição ancorada em nada menos do que nossas experiências pessoais não é apenas inútil, mas também pode ser perigosa. Por isso é importante trazer todas as nossas suposições à luz do dia. Fazer isso remove as arestas afiadas das nossas opiniões, reduz o preconceito, expande as fronteiras da nossa compaixão e da nossa empatia. Erradicar falsas suposições do nosso consciente e do nosso subconsciente nos torna melhores.

Especificamente, isso nos torna melhores tomadores de decisão.

E passamos a ser melhores tomadores de decisão porque não nos deixamos enganar por suposições errôneas.

Então, qual é essa suposição não examinada que nos faz viver, namorar, gastar, comer, beber, dirigir e flertar confortavelmente tão perto do limite do constrangimento ou até pior?

Por uma questão de clareza e de ênfase, vou declarar essa suposição não examinada e errônea de quatro maneiras:

Se não estiver errado, está tudo bem.

Se não for ilegal, é permitido.

Se não for imoral, é aceitável.

Se não passar do limite, tudo bem.

Se o problema com esses tipos de suposição não for imediatamente evidente para você, apenas coloque-se no lugar de um irmão ou irmã mais velha por um momento. Se você for pai ou mãe, coloque-se no lugar de um progenitor. Aposto que você não tem expectativas tão baixas para os seus filhos. Isso equivale a organizar a nossa vida em torno do mínimo denominador comum. Essencialmente nos perguntamos: Quão mais baixo posso cair? Quão mais perto posso chegar do mal sem ser ruim? Quão mais perto posso chegar do *errado* sem fazer algo errado? Ou, se você for religioso, Quão mais perto posso chegar do pecado sem realmente pecar?

Há algo que se tenta obter com isso.

Mas não para por aí.

Em pouco tempo nos perguntaremos: *Quanto posso ultrapassar o limite sem ser pego ou sem sofrer consequências?* Quanto posso ser antiético, imoral ou insensível sem criar resultados incontroláveis? Quanto tempo posso negligenciar a minha família, as minhas finanças ou a minha saúde sem sentir os efeitos? Quanto posso me entregar a um comportamento viciante sem realmente me tornar viciado? É um declive escorregadio e sinistro. E tudo começa com a pergunta errada: Há algo de *errado* nisso?

Uma pergunta que muitas vezes leva a uma segunda pergunta: Como fui me meter *nisso*?

A QUESTÃO DA MATURIDADE

Veja por outro ângulo.

Por que os bons pais dizem para os filhos tomarem *cuidado*?

Por que não dizemos coisas como: "Dirija na velocidade máxima que a lei permitir!"; "Beba até cair!"; "Vá o mais longe que puder sem ser esbofeteado!"; e "Não volte para casa até dar o horário limite"?

O que queremos dizer com *cuidado*?

Queremos dizer *ter cautela*. Tenha *cuidado* com o seu entorno. Não corra riscos *desnecessários*. Não deixe a sua segurança em risco nem a segurança dos outros. Essencialmente, o que queremos dizer é: *Não pise na beira do ilegal, do imoral, do inseguro ou do insalubre.*

Esse é um bom conselho.

Para todas as pessoas.

É possível que você tenha evitado o maior arrependimento da vida adulta se tiver aceitado essa postura. Certamente evitará se arrepender no futuro se o fizer.

Mais uma vez.

Por que reagimos imediatamente quando vemos uma criança brincando à beira de uma piscina? Ela não está se afogando. Nem sequer está molhada...

Bem, não está molhada por fora.

Por que entramos em pânico?

Entramos em pânico porque sabemos que um pequeno passo na direção errada pode resultar em uma tragédia. Entramos em pânico porque praticamente não há margem para erro. Quando tentamos avisar a um adolescente que ele está à beira de uma tragédia, ele diz o que sempre dizemos: "Estou bem. Não estou fazendo nada de errado". E ele está certo, mas não nos apressamos para ajudar as crianças e não falamos sobre as circunstâncias precárias dos adolescentes porque eles estão fazendo algo *errado*.

Ninguém está fazendo nada *errado* até fazer.

Traçar as nossas fronteiras, estabelecer os nossos limites, definir os nossos padrões morais e éticos no limite entre o certo e o errado, o legal e o ilegal, o saudável e o insalubre elimina qualquer margem de erro. É uma maneira tola e perigosa de viver. Você está seco e seguro, mas logo vai se afogar. Você está sóbrio, mas daqui a pouco não estará.

Isso explica por que reagimos da maneira que reagimos quando alguém que amamos se aproxima daquele limite impreciso. Não reagimos por causa do que os outros fazem, mas por causa da direção que estão tomando. Aparentemente reagimos de forma exagerada porque a margem de erro é tanta que um movimento errado poderia significar desastre ou arrependimento.

Nesses momentos, o problema não está em certo ou errado, legal ou ilegal, moral ou imoral. Há *algo mais* em jogo. Algo que permanece praticamente invisível quando diz respeito a nós, porém tão evidente quanto o nariz em nosso rosto quando se trata dos nossos filhos, sobrinha ou sobrinho, ou talvez do filho de um amigo próximo.

O que é esse algo mais?

Sabedoria.

Uma opção pode ser tanto *errada* quanto *imprudente* ao mesmo tempo. E isso nos leva à quarta pergunta. A questão da maturidade.

Pergunta número 4: A questão da maturidade
Qual é a coisa mais sensata a ser feita?

Para evitar a síndrome de só mais cinco minutos... para criar uma margem moral, ética e financeira... a cada convite, a cada oportunidade e a cada opção pergunte: Qual é a coisa mais sensata a ser feita? Não nos conhecemos, mas sei algo sobre você. O seu maior arrependimento...

E estou falando daquele *momento* de arrependimento. O momento que você daria tudo para voltar no tempo e revivê-lo ou desfazê-lo. O ponto crucial. O ponto em que não há retorno. O seu maior arrependimento foi precedido por uma série de decisões imprudentes. Não foram decisões erradas. Não foram ilegais nem imorais. Mas, olhando em retrospecto, foram terrivelmente imprudentes. Foi essa série de decisões imprudentes que abriu o caminho para aquele momento exato que causou o arrependimento.

Certo?

Como sei disso?

Sei porque é assim que as coisas são.

O fato de não haver um "Não farás" ligado à situação não significa necessariamente "Farás". É tolice viver na fronteira do que é permitido, legal, aceitável, não passível de acusação jurídica.

CUIDADOSO E CAUTELOSO

As nossas três primeiras perguntas estavam ancoradas na sabedoria antiga e, como se vê, a nossa quarta pergunta também está. O apóstolo Paulo, em uma carta aos cristãos de Éfeso, escreve:

> "Tenham cuidado com a maneira como vocês vivem; que não seja como insensatos, mas como *sábios*, aproveitando ao máximo cada oportunidade, porque os dias são maus".[1]

[1] Efésios 5.15-16.

Duas coisas se destacam nas instruções de Paulo. Primeiro, quão relevante é hoje um conselho dado há 2 mil anos. Algumas coisas nunca mudam. A natureza humana nunca muda. Os povos antigos eram tão propensos quanto nós, os povos modernos, a se aproximarem do desastre e ficarem ali o maior tempo possível. Entretanto, talvez a coisa mais notável sobre a instrução de Paulo é o que ele não diz. Paulo era fariseu. Ele conheceu e ensinou a Torá judaica durante toda a vida adulta. Assim que se tornou seguidor de Jesus, sua perspectiva sobre a lei judaica mudou, mas ele não abandonou as normas morais, éticas ou relacionais nas quais foi criado. Como seguidor de Jesus, Paulo estava bem ciente de que Jesus tinha realmente elevado o padrão em vez de abaixá-lo. Isto é o que torna suas instruções aos cristãos de Éfeso um pouco surpreendentes. Esperaríamos que Paulo ancorasse a tomada de decisão de seus leitores em algo mais específico e concreto do que a *sabedoria*. Mas ele não faz isso. E nos diz por quê.

E isso é importante.

Paulo estava ciente do que cada um de nós já descobrimos. O ponto de arrependimento é sempre precedido por uma série de decisões imprudentes. Com aquilo em mente... inserido no contexto da sua própria vida... ele diz:

Tomem muito cuidado com a forma como vivem.

A negativa disso é a seguinte: *Não sejam descuidados com a forma como vivem*. Então, ele impulsiona a nossa palavra:

Não seja como os insensatos, mas como os *sábios*.

A QUESTÃO DA MATURIDADE

Com essas nove palavras, Paulo revela o critério pelo qual ele e nós devemos pesar as opções. Essa é a matriz pela qual devemos avaliar cada convite e cada oportunidade. Essa é a regra, o critério pelo qual devemos avaliar as nossas decisões financeiras, relacionais e profissionais, perguntando em seguida:

Qual é a coisa mais sensata a ser feita?

Paulo continua e nos dá mais explicação e motivação:

... aproveitando ao máximo cada oportunidade.

Literalmente, *redimindo* ou *resgatando* o tempo. Você não gostaria de poder voltar ao passado e, de alguma forma, *recuperar* todo o tempo desperdiçado com decisões ruins, juntamente com o tempo gasto para compensar as decisões ruins? Eu gostaria. Para você, isso pode significar algumas semanas ou alguns finais de semana espalhados pelo seu passado, ou pode ser um período inteiro da vida. De qualquer forma, imagine ter a oportunidade de reviver, de gastar novamente ou de redistribuir esses dias, semanas ou anos. E se você tivesse a oportunidade de voltar e investir todo esse tempo em atividades produtivas, saudáveis e cheias de vida? Imagine onde estaria hoje. Imagine como a sua vida poderia ser diferente. E, já que estamos sonhando acordados, imagine poder recuperar e reinvestir todo o dinheiro desperdiçado no passado.

Sim, desculpe tocar nesse assunto.

Por mais doloroso e desconfortável que seja olhar para trás, é necessário entender o convite implícito nas palavras de Paulo.

As palavras de Paulo são um convite para investir o tempo sabiamente em direção ao futuro. Desse momento em diante, você é convidado a aproveitar ao máximo... a redimir...

a impulsionar o seu ativo mais importante, o tempo, de uma forma que o impulsione na direção do futuro almejado. Esse convite é alimentado pela sabedoria, que pede que você seja cuidadoso em vez de descuidado.

Paulo também oferece um pouco de motivação para sua instrução. Ele adverte:

> ... aproveitando ao máximo cada oportunidade *porque os dias são maus.*

Dias maus?
Do que ele está falando?
Não vivemos em uma cultura moralmente neutra.
Aposto que você sabia disso.

DORMINDO NO PONTO

Todos os dias nos relacionamos com uma cultura que nos encoraja das formas mais provocativas imagináveis a satisfazer apetites que nunca poderão ser plena e definitivamente satisfeitos. Os dias em que era preciso ir à procura de problemas ficaram para trás. O problema está sempre a um clique de distância, certo? Mais uma vez, as palavras de Paulo são muito relevantes. Não podemos nos dar ao luxo de sermos descuidados. Não vivemos em um ambiente moralmente neutro. Não é seguro lá fora. A maioria dos americanos está acima do peso e superendividada. Comemos e gastamos demais. Homens americanos gastam bilhões de dólares... bilhões... todos os anos, olhando fotos de mulheres nas telas de computador. Isso é tão incrível quanto constrangedor.

Como os efésios nos tempos de Paulo, vivemos em tempos moral e eticamente perigosos. Os dias são maus. Se não

A QUESTÃO DA MATURIDADE

prestarmos atenção, se não tivermos cuidado, acabaremos pagando um preço pelo nosso descuido. Se não formos intencionalmente cautelosos, podemos acabar involuntariamente aprisionados em um vício que sempre condenamos. Se não filtrarmos as nossas escolhas por meio dessa pergunta poderosa, é bem provável que ficaremos frente a frente com as consequências que poderiam e deveriam ter sido evitadas.

Para dizer de forma bem clara...

O nosso mundo é um pouco como a grama bem cuidada do lado de fora da porta da minha cozinha. É ali que deixamos o nosso cachorro sair para fazer as necessidades todas as manhãs e todas as noites. Se você não for cuidadoso ao andar por lá, vai pisar no que não deve. Pior ainda, vai levar o que não deve para dentro de casa!

CHEGOU A HORA DO SEU TOQUE DE DESPERTAR

Serei honesto. O desafio com a questão da *sabedoria* é que ela nos obriga a enfrentar cada uma das coisas que estamos tentando ignorar. É como um despertador para a nossa consciência. Um alerta para a nossa alma. É irritante, mas necessário. Talvez tenha sido a propensão universal de exagerarmos no uso dos nossos botões de soneca internos que levou o apóstolo Paulo a continuar com estas palavras:

Portanto, não sejam insensatos...

Se existisse pontuação no século I, esta frase poderia ter sido seguida por dois pontos de exclamação. "Não sejam insensatos" é uma maneira educada de dizer: "Não sejam imbecis! Não encarem a vida como se vivessem em um ambiente moral e eticamente neutro!". A partir daí, ele manda os leitores fazerem algo que parece ser impossível.

> [...] mas procurem compreender qual é a vontade do Senhor.[2]

Não se pode exigir que alguém entenda algo, não é mesmo? Tive uma professora de grego na faculdade que nos fazia ir até a frente da sala e traduzir textos em voz alta para a turma toda. Ali estava eu, com a minha cópia de bolso da *Ilíada* na frente dos meus colegas, fingindo saber algo sobre um incidente da Guerra de Troia e preenchendo as lacunas com os meus próprios comentários editoriais. Quando ficou evidente que eu não estava traduzindo, mas apenas contando a história memorizada, a sra. Cuntz me interrompeu e disse:

— Sr. Andy, acho que o senhor não está traduzindo. Traduza!

Ao que respondi:

— Sra. Cuntz, não consigo traduzir.

A resposta dela era sempre a mesma.

— Consegue, sim! Agora traduza para nós.

— Não, consigo. De verdade.

— Consegue, sim. Agora traduza.

Ela insistia que entendíamos mais do que realmente entendíamos, como se sua insistência fosse, de alguma forma, aumentar a nossa capacidade. Não aumentava. Por fim, ela gesticulava para nos mandar de volta aos nossos lugares. Sempre senti que a sra. Cuntz levava para o pessoal a minha falta de compreensão, como se ela tivesse falhado comigo como professora.

[2] Efésios 5.17.

A QUESTÃO DA MATURIDADE

Sempre que leio a admoestação de Paulo para "compreender qual é a vontade do Senhor", penso que a sra. Cuntz nos exorta a *entender* Platão. Você pode inspirar um atleta a ter um desempenho melhor, mas não pode inspirar alguém a entender algo. Ou a pessoa entende ou não. Então, o que Paulo faz? Por que ele não disse: "Descubram qual é a vontade do Senhor" ou "Obedeçam à vontade do Senhor"? Poderíamos encontrar uma tração com qualquer uma dessas perguntas, mas será que *entenderíamos*?

O que ele quer provar?

CONFRONTO

A ordem de Paulo para "compreender" a vontade de Deus é uma exortação para confrontar o que sabemos que precisamos fazer no nosso coração. Somos mestres na arte do autoengano. Então Paulo, impulsionando a gramática da época, pontua algo interessante, agarra-nos pelo colarinho, puxa-nos para perto e grita: "Pare de jogar! Pare de fingir. Pare de racionalizar! Enfrente o que você sabe que deve fazer! Faça a pergunta e aceite a resposta!". Essa é a tentativa final de Paulo para nos fazer admitir o que sabemos e agir de acordo com isso.

Por mais lógico que pareça, a verdade é que a maioria das pessoas não faz a escolha sensata até que essa seja sua única opção. Até lá, tentam recuperar algo que foi perdido ou que está prestes a ser perdido. Assim como você, tenho amigos que mudaram os hábitos alimentares pouco saudáveis da noite para o dia após sofrerem um câncer ou uma doença cardíaca. Os nódulos, as obstruções ou a falta de ar nos obrigam a enfrentar o que recusamos reconhecer durante anos. Revelações como essas muitas vezes levam a uma disciplina que desafia a morte.

Contudo, por que esperamos?

Impulsionando as palavras de Paulo, esperamos porque estamos pouco dispostos a *enfrentar* o que sabíamos desde o começo. Quando paramos de mentir para nós mesmos, é incrível o que acontece. Todo mundo que conheço, que passou por uma transformação após um susto de saúde, diz a mesma coisa: "Eu deveria ter feito essas mudanças anos atrás". Tradução: "Durante anos recusei-me a enfrentar o que sabia que era certo no meu coração".

A falência pode causar o mesmo efeito, assim como uma gravidez inesperada, uma carta do advogado do seu cônjuge, uma condenação por ter dirigido sob a influência do álcool, ou uma viagem para desintoxicação com um dos seus filhos. Talvez seja disso que você necessita. Há algo lá fora, em algum lugar, que tem a capacidade de chamar a sua atenção, algo que vai forçá-lo a enfrentar a realidade! Infelizmente, esse algo pode tanto assustá-lo quanto deixar cicatrizes. Infelizmente, é possível que você fique com opções limitadas e com menos oportunidades. Dessa forma, por que deixar que as coisas cheguem tão longe? Por que não enfrentar agora o que você sabe no seu coração que precisa ser feito? Por que não perguntar: *Qual é a coisa mais sensata a ser feita?*

PONTOS DE REFERÊNCIA

Quando eu era criança, morávamos em Miami. Todo verão, levávamos nosso *trailer* de 5 metros para Naples, Flórida, para uma semana de férias. Se você esteve em Naples recentemente, sabe que a orla é repleta de condomínios e hotéis. Contudo, em 1968, não havia nada além de quilômetros de praia vazia. Então o meu pai entrava na praia e dirigia ao lado das árvores, onde a areia era firme. Dirigíamos quilômetros até encontrar um lugar adequado para montar acampamento.

A QUESTÃO DA MATURIDADE

Claro, o objetivo de acampar na praia é a *praia*. Contudo, antes que a minha irmã e eu pudéssemos entrar na água, caminhávamos com o meu pai 30 ou 40 metros perto das árvores e longe do nosso *trailer*, e ele nos levava para dentro da mata, para que recolhêssemos o máximo de cocos que pudéssemos encontrar no chão. Quando ele achava que tínhamos apanhado o suficiente, nós o ajudávamos a transportar a nossa pilhagem até onde a maré alta deixava a marca na areia. Então, eu o ajudava a construir a nossa pirâmide anual de cocos. Quando terminávamos, corríamos de volta para o *trailer* para vestir os nossos trajes de banho em preparação para uma semana de areia e água salgada.

Como você deve ter adivinhado, os cocos serviam como ponto de referência. A ressaca, embora não fosse perigosa, era forte o suficiente para nos mover lentamente para longe da praia em que estava o nosso *trailer*. Conforme nos aproximávamos da pilha de cocos, sabíamos que era hora de sair da água, caminhar de volta até a praia, voltando a entrar no mar em frente ao nosso *trailer*... ou até mesmo alguns metros mais para a frente, na outra direção.

Assim como a ressaca em Naples, a cultura tem um jeito de lenta e sutilmente nos conduzir além dos limites da saúde, da moral, da ética, bem como além dos limites financeiros e profissionais. Então, um dia, olhamos para cima e nos perguntamos quem moveu o *trailer*?! A nossa resposta tem mais a ver com algo como: "Como fui me meter nessa situação?". Quando tudo e todos ficam à deriva na mesma velocidade e na mesma direção, é fácil nos deixarmos levar a acreditar que estamos parados. Sem um ponto de referência fixo, é impossível determinar onde estamos, onde não estamos e onde deveríamos estar.

Então, se você me permitir ser tão ousado, gostaria de sugerir o estabelecimento de três pontos de referência relacionados à nossa quarta pergunta. Eles serão fáceis de lembrar porque cada um dos três é simplesmente uma extensão da pergunta. Aqui estão todos reunidos em uma frase memorável:

> À luz da minha experiência passada, das minhas circunstâncias atuais e das minhas esperanças e sonhos futuros, qual é a coisa mais sensata a ser feita?

Comecemos pelo passado.

SUA EXPERIÊNCIA PASSADA

Ao poeta e filósofo George Santayana é atribuída a seguinte máxima: "Aqueles que não conseguem lembrar o passado estão condenados a repeti-lo". Em um nível pessoal, esse axioma poderia ser reafirmado assim: "Aqueles que não prestam atenção no que causou problemas ontem correm o risco de acabar com o mesmo problema amanhã".

Não é muito fácil de ser lembrado, mas você entendeu aonde quero chegar.

O seu passado predispõe você a certas tentações, vícios, atrações e pontos cegos. Você é louco por... alguma coisa, certo? Consequentemente, o que é bom para todos os outros pode estar fora do seu alcance. O que algumas pessoas consideram um passatempo poderia realmente ser um caminho para algo destrutivo no seu caso. Há atividades das quais outras pessoas têm facilidade de se afastar enquanto você está propenso a se deixar levar por elas. Então, cada decisão, cada convite e cada oportunidade que surge precisam ser filtrados por essa pergunta: À luz da minha experiência passada, qual é a coisa mais sensata a ser feita *por mim*?

Tenho um amigo (vamos chamá-lo de Steve) que recebeu alguns conselhos perturbadores no meio de um aconselhamento pré-nupcial. O conselheiro disse: "Steve, a sua história familiar é tal que, quando você e Shawna voltarem da lua de mel, você precisa voltar a me ver. Sozinho. Na verdade, quando você voltar, gostaria de apresentá-lo a um conselheiro especializado em sistemas familiares".

Como a maioria dos homens, Steve sentiu como se já tivesse feito um enorme esforço adicional participando (e pagando!) de quatro horas de duração de sessões pré-matrimoniais. Agora isso! A próxima pergunta de Steve foi a que eu também teria feito:

— Quanto tempo isso leva?

O conselheiro sorriu e disse:

— Eu planejaria seis meses.

Steve ficou atordoado. Na verdade, quando ele descreveu a conversa para mim depois, estava bravo. As palavras dele foram: "Fiquei tão bravo que praticamente confirmei a minha necessidade de mais aconselhamento". O conselheiro reconheceu que Steve e Shawna não passariam pela dificuldade típica do primeiro ano de casamento. Estavam prestes a presenciar problemas sérios e inesperados devido à condição pré-existente de Steve.

Felizmente para Shawna, Steve fez o que poucos homens estão dispostos a fazer. Duas semanas depois que voltaram da lua de mel, ele retornou ao escritório do conselheiro.

Sozinho. Por quê? Certamente aquele não era o procedimento operacional padrão. Poucas pessoas continuam a se aconselhar depois do casamento. Caramba, a maioria dos casais não recebe aconselhamento nem *antes* do casamento! À luz da experiência passada de Steve, aquela era a coisa sensata a ser feita. Ele está convencido de que foi isso o que salvou seu casamento.

Provavelmente, há lugares que não devem ser visitados por causa da sua história, lugares que não teriam impacto algum sobre a pessoa comum, mas a pessoa comum não compartilha a sua experiência com esses ambientes. Talvez existam tipos de pessoas com quem você não tenha que conviver. Estar perto delas desencadeia algo ruim em você. Conheço pessoas que se recusam a usar cartões de crédito por causa de seu histórico financeiro. Há algo inerentemente errado com cartões de crédito? Não para a maioria das pessoas.

Mas é insensato para algumas pessoas.

E quanto a você?

À luz da sua experiência passada, qual é a coisa mais sensata a ser feita por *você*? Qual é a coisa mais sensata para você fazer financeiramente? Profissionalmente? Relacionalmente? Como são as suas escolhas de entretenimento? Até que ponto você está preparado para fracassar por causa de algo no seu passado? Talvez seja algo sobre o qual você não teve controle. Talvez a forma como você foi criado o predisponha a uma arena de tentação à qual a maioria das pessoas parece imune. Se sim, admita. E lembre-se das palavras de Paulo mais uma vez: "Compreenda qual é a vontade de Deus para você". Enfrente o que sabe que é o certo para você.

Não se contente em fazer a coisa *certa*. *Faça a coisa sábia*.

Dessa forma, o primeiro dos nossos três pontos de referência está ancorado no passado. O segundo cruza com as circunstâncias atuais.

À luz das minhas circunstâncias atuais, qual é a coisa mais sensata a ser feita?

A QUESTÃO DA MATURIDADE

AS CIRCUNSTÂNCIAS ATUAIS

A vida é cíclica.

A tristeza de hoje será substituída pela alegria de amanhã. A raiva de hoje provavelmente será equilibrada com a perspectiva de amanhã. A preocupação de hoje será substituída pelas inquietações de amanhã. Jesus estava certo. Cada dia apresenta preocupações próprias. Se não formos cuidadosos, deixaremos a pressão, os medos e as circunstâncias de hoje nos levarem a tomar decisões das quais iremos nos arrepender amanhã.

Assim, devemos a nós mesmos e às pessoas que amamos levar em consideração as emoções atuais, o estado de espírito e a perspectiva ao tomar decisões. Não sei quanto a você, mas a maioria das minhas desculpas surge da minha propensão a reagir ao momento. Quando o momento passa, descubro que exagerei e acabei machucando alguém no processo. Não gosto de me lembrar de todos os *e-mails* enviados que desejei que pudesse cancelar. Se tivesse esperado vinte e quatro horas, tanto a resposta quanto o tom teriam sido diferentes. Haveria muito menos danos residuais. Quando estou bravo, a coisa mais sensata a ser feita é NADA. Apenas esperar. Além disso, quando estou bravo, geralmente há algo implícito e não sei explicá-lo.

Então, ao propor a nossa quarta pergunta, faríamos bem em considerar o que está acontecendo no presente. À luz das nossas circunstâncias atuais e do nosso estado de espírito, qual é a coisa mais sensata a ser feita? Em muitos casos, a resposta é nada! Espere. Procrastine. Pause. Adie. Deixe passar.

Temos vários milhares de solteiros nas igrejas na área de Atlanta. Muitos estão cuidando das feridas de um divórcio. Ao mesmo tempo, desejam companhia. Na maioria das vezes, antes que a tinta dos papéis do divórcio seque, a página já foi

MELHORES DECISÕES, MENOS ARREPENDIMENTOS

virada e eles saem em busca de um novo relacionamento. Imagino que eu ficaria tentado a fazer a mesma coisa.

Obviamente, não há nada de errado em querer uma companhia. Não há nada de errado em seguir em frente com a vida, uma vez que a porta de um capítulo difícil se fechou. Contudo, o que importa é como e com que velocidade isso é feito. Para homens e mulheres solteiros que estão vivendo esse momento desafiador, a pergunta que os encorajo a fazer é a seguinte: "À luz do que acabei de passar... à luz do meu estado de espírito atual, do meu estado emocional, da minha raiva e mágoa não resolvidas... qual é a coisa mais sensata a ser feita?".

A resposta nunca será *entrar em um novo relacionamento o mais rápido possível.*

Não porque isso seria errado, mas porque seria imprudente. Na maioria das vezes, essa decisão relacional imprudente abre caminho para uma decisão lamentável. Lembre-se, os nossos maiores arrependimentos são sempre precedidos por uma série de decisões imprudentes. Voltar rapidamente ao mundo dos relacionamentos logo após um divórcio ou uma separação é quase sempre uma decisão-gatilho. Leva ao arrependimento.

Reconheço que não existe um conselho único para homens e mulheres que estejam superando as sequelas do divórcio. Entretanto, o meu conselho geral há anos tem sido marcar em seus calendários o período de um ano a partir do dia em que o divórcio foi oficializado... não a partir do dia em que a pessoa se separou do ex... mas a partir do dia em que o divórcio foi oficializado. Os homens reviram os olhos. As mulheres costumam ser rápidas em garantir que a última coisa que querem na vida é outro homem. Em ambos os casos, insisto que peguem seus telefones e marquem a data.

Não porque é a coisa certa a ser feita.

Porque é a coisa *mais sensata a ser feita*.

Nunca conheci alguém que tenha voltado até mim e reclamado por ter tirado um ano sabático em relação a namoros, principalmente depois de um divórcio ou de uma separação dolorosa. Contudo, ao longo dos anos, houve dezenas de homens e mulheres que me confessaram que gostariam de ter feito isso. Sinto que isso é tão importante que pedi aos nossos pastores que não realizem segundos casamentos de pessoas que se divorciaram há menos de dois anos. Há algum versículo da Bíblia que apoie essa regra? Não. É ruim voltar a se casar antes de dois anos? Não. Então, por que uma regra tão rigorosa?

Você já sabe a resposta.

É a coisa mais sensata a ser feita.

Nunca ouvi ninguém atribuir os problemas matrimoniais ao fato de que esperaram muito tempo para se casar. Contudo, conversei com inúmeras pessoas que gostariam de ter esperado mais tempo, principalmente quando um divórcio faz parte da história.

Não há como saber se você está passando por uma decisão difícil como essa neste momento da sua vida. Entretanto, enquanto tenho a sua atenção, também poderia perguntar: À luz do que está acontecendo na sua vida agora... à luz do seu passado recente, do seu estado de espírito atual, da sua saúde física, dos seus desafios financeiros e das suas responsabilidades, qual é a coisa mais sensata a ser feita?

ESPERANÇAS E SONHOS FUTUROS

A cada ano, mais ou menos, faço ao pessoal da nossa organização a seguinte pergunta:

O que parte o seu coração?

Essa pode ser uma pergunta perigosa e arriscadamente cara para ser respondida honestamente.

Essa pergunta levou as pessoas a deixar seus empregos para buscar oportunidades mais alinhadas com suas paixões e preocupações. Levou as pessoas a iniciar organizações sem fins lucrativos. Adotar. Acolher. Seguir em frente. Concorrer a um cargo. Voltar a ensinar. Terminar os estudos acadêmicos.

O que me parte o coração é ver as pessoas tomarem decisões que comprometam suas esperanças e sonhos. Parte o meu coração ver indivíduos ou casais tomarem decisões que prejudicaram seu relacionamento atual e futuro. Parte o meu coração ver os adolescentes tomarem decisões que resultarão em consequências que os seguirão por todos os lugares por uma ou duas décadas. Parte o meu coração ver pais que criam os filhos de uma forma que acabará os afastando deles.

A conclusão é que parte o meu coração ver as pessoas engendrando a própria infelicidade.

Isso provavelmente explica por que estou convencido de que a terceira aplicação da nossa quarta pergunta é a mais importante.

À luz das suas esperanças e sonhos futuros, qual é a coisa mais sensata a ser feita?

Você tem alguma ideia de como quer que o seu futuro seja. Tem uma imagem mental do futuro da sua preferência, do que poderia ser e deveria ser. De como você imagina que terminará os períodos seguintes da sua vida. Pode ser em termos gerais. Pode ser de forma mais específica. Você pode até ter se dado ao trabalho de registrar por escrito as suas ideias.

Independentemente de quanto tempo e esforço foram dedicados a isso, você tem uma ideia de como quer que seja

A QUESTÃO DA MATURIDADE

o futuro. Talvez você não tenha um plano para chegar lá, mas tem uma noção geral de onde é *lá*. Estou supondo que, ao imaginar o próprio futuro, você não se imagina sozinho.

Ninguém faz isso.

Mas aqui está o desafio.

DESTRUIDORES DE SONHOS

Quando se trata dos nossos sonhos, tudo parece conspirar contra nós. Existem muitas variáveis das quais não temos controle. A vida é difícil. E a vida fica particularmente difícil quando se trata dos nossos sonhos, do nosso futuro preferido. É uma subida íngreme. Dito isso, por que contribuiríamos para o fim da esperança? Por que alguém iria roubar o próprio futuro? Não tenho uma boa resposta para essa pergunta.

Mas isso acontece o tempo todo.

Certo?

Você já viu isso acontecer. Você viu amigos comprometerem os sonhos financeiros. Viu um amigo ou membro da família sabotar um relacionamento devido ao abuso do álcool. É bem provável que conheça alguém cuja desonestidade lhe custou uma carreira. Todos conhecemos alguém cuja infidelidade lhe custou o casamento e o respeito dos filhos. Talvez uma dessas histórias seja a sua história. Em algum momento, todos fizemos algo que colocou em risco as nossas esperanças e sonhos.

Não façamos mais isso.

Vamos tomar as decisões de hoje tendo o amanhã em mente.

À luz das suas esperanças e sonhos futuros, qual é a coisa mais sensata a ser feita?

FUTURO, SENSO COMUM

Fazer a nossa quarta pergunta tendo o futuro em mente lança uma luz incisiva sobre a legitimidade das nossas opções. Os tons enganosos de cinza se dissipam. A nossa melhor opção ou as nossas melhores opções ficam claras. Dolorosamente claras. Tão claras que nos sentimos tentados a desviar o olhar, a recuar e dar as desculpas com as quais apoiamos as nossas decisões não tão sensatas por anos:

Não estou fazendo nada errado.

As pessoas fazem isso o tempo todo.

Não estou machucando ninguém.

Sei lidar com isso.

Não há lei que proíba isso.

Deus vai me perdoar.

As nossas desculpas são persuasivas porque na maioria das vezes são verdadeiras. Você não está fazendo nada *errado*. É *comum*. Você sabe lidar com isso, inicialmente. Não é ilegal. Deus vai perdoá-lo.

Mas e daí?

Nada disso vem ao caso, não é mesmo?

O objetivo da nossa quarta pergunta não é impedir você de fazer algo *errado*. É evitar que você faça algo *imprudente*. Imprudência é a porta de entrada para o arrependimento. Ela prepara o caminho para o momento crítico: o ponto sem retorno. Ana Nalick acertou em cheio quando escreveu esses versos:[3]

> A vida é como uma ampulheta colada à mesa,
> Ninguém consegue encontrar o botão de rebobinar, garota...

---

[3] NALICK, Anna. **Breathe (2 AM)**. [S.l.]: Concord Music Co., copyright 2004.

A QUESTÃO DA MATURIDADE

A sabedoria reduz a probabilidade da necessidade de um botão de rebobinar.

Então, deixemos de lado de uma vez por todas as nossas velhas desculpas usadas para todas as coisas. Elas nunca serviram para nada. O único propósito a que serviram foi silenciar a consciência, nublar o raciocínio e diminuir a capacidade de ouvir as vozes da sabedoria ao seu redor. As suas desculpas o acompanharam repetidas vezes até o limiar do arrependimento. Elas o deixaram com segredos que você espera que as pessoas com quem mais se importa nunca descubram, o deixaram com histórias que você nunca vai compartilhar. Elas o apresentaram à vergonha, à lembrança que você não consegue apagar, e aos períodos da vida dos quais não consegue esquecer. As suas desculpas facilitaram o fim das esperanças e dos sonhos. Elas não são amigas.

Então decida...

Decisão número 4: A decisão de maturidade
Eu farei a coisa *sensata*.

SEJAMOS ESPECÍFICOS

À luz de onde você quer estar financeiramente em dez anos, qual é a coisa mais sensata a ser feita agora? O que você precisa começar ou parar de fazer financeiramente? Que hábito ou hábitos precisam ser alterados? Se você *refletiu um pouco ou nada* sobre onde quer estar financeiramente daqui a dez anos, isso é parte do problema. Defina três metas gerais de alto nível. Deixe-as em algum lugar em que você possa ver todos os dias. Elas informarão a sua consciência e servirão como grades de proteção para os gastos e para o uso da dívida. Acima de tudo, servirão como contexto para todas as suas decisões financeiras. Aceite o fato de que você estará em algum lugar financeiramente daqui a cinco ou dez anos. Você não *deveria* tomar uma decisão? Se não decidir, varejistas e credores que não se importam com você vão decidir no seu lugar.

O que acontece no seu futuro financeiro também acontece no seu futuro relacional, profissional e acadêmico. Onde você quer estar? Decida. Anote. Se você for solteiro, à luz do que quer em última instância relacional... de forma romântica... qual seria a maneira mais sensata de conduzir os seus relacionamentos agora? O que você está fazendo agora que tem o potencial de roubar o seu futuro relacional preferido? O que você pode fazer para se preparar para o sucesso mais à frente? Decida e viva de acordo com isso.

Se você for casado e planejar ficar até o fim da vida com o seu cônjuge, terminando os seus dias juntos... curtindo os netos juntos, o que você pode fazer agora para facilitar esse sonho? O que põe esse sonho em risco? Quais cuidados precisam ser tomados? Qual é a coisa mais sensata a ser feita no que se refere à proteção do seu casamento?

Você tem filhos?

O que você visualiza para o relacionamento com os seus filhos quando eles forem adolescentes, ou estiverem na faculdade, ou casados e com os próprios filhos? Qual é a coisa mais sensata a ser feita agora para proteger esse sonho? Que práticas seria sensato incorporar agora no seu repertório de criação de filhos? Onde é preciso redefinir as prioridades? O que você precisa recusar, não porque seja errado ou ruim, mas porque interfere em onde você quer estar?

Quando os nossos três filhos eram pequenos, Sandra e eu adotamos um mantra:

A QUESTÃO DA MATURIDADE

Agora é não, mas não será assim para sempre.

Eliminamos várias categorias de atividades do nosso calendário até que os nossos filhos estivessem no ensino médio. Dissemos não a coisas durante aquele período da vida deles que viraram sim quando ficaram mais velhos. O nosso objetivo como pais era simples. Se você tem filhos em casa, recomendo que use esse mantra. O nosso objetivo era que nossos filhos *quisessem* estar conosco quando não estivessem mais conosco.

Estabelecemos esse objetivo quando o nosso mais velho ainda estava na cadeirinha do banco de trás do carro. Todos os nossos três filhos têm hoje 20 e poucos anos. Eles adoram estar juntos. Gostam de estar conosco. Dissemos não a algumas coisas boas para que pudéssemos por fim desfrutar das melhores coisas. De acordo com a minha experiência pessoal, tudo a que preciso renunciar agora para chegar lá depois vale a pena. E o mesmo acontece em todas as instâncias da vida.

Mas...

Se você nunca parar o suficiente para *decidir* com antecedência onde quer estar, passará a vida sem conhecer os sacrifícios necessários para chegar lá.

Todo mundo acaba em algum lugar da vida. Recomendo que acabe em algum lugar com um propósito.

A sabedoria abre o caminho.

JUNTANDO TUDO

Ao compartilhar a nossa quarta pergunta com alunos do ensino médio e estudantes universitários, eu os encorajo a memorizar a seguinte rima:

Há o bem e há o mal também
Essa afirmação não é perfeita,
Pensemos então um pouco além
Qual é a coisa mais sensata a ser feita?

Não se contente com o bom, o legal, o permissível, o aceitável, o tolerável, o não passível de acusação jurídica ou o normal. Se você fizer isso, vai acabar vivendo perigosamente no limite do arrependimento. Você é melhor que isso. Você merece mais que isso. A sua família merece mais que isso.

Se você tivesse feito essa pergunta catalítica o tempo todo, poderia ter evitado o seu maior arrependimento. Mais importante ainda, se você começar a fazer esta pergunta agora, diminuirá significativamente as chances de uma história infeliz se repetir.

Portanto, resista à tentação de se esconder atrás das amplas generalidades e das normas culturais. Qual é a coisa mais sensata que pode ser feita *por você*? Você é uma mistura única das experiências passadas, das circunstâncias atuais e das esperanças e dos sonhos futuros. A sabedoria permite personalizar o processo de tomada de decisão em relação às suas aspirações profissionais, financeiras e relacionais específicas. Não perca essa oportunidade.

Imagine como a sua vida seria diferente agora se você tivesse processado suas opções dessa maneira desde o início. Imagine como a sua vida seria diferente daqui a um ano se essa pergunta multifacetada fosse parte da sua grade de tomada de decisão desse momento em diante.

Então, pergunte.

Pergunte mesmo que você não planeje fazer algo a respeito. Saber é um dever para consigo mesmo. É também um dever para com as pessoas que dependem de você.

A QUESTÃO DA MATURIDADE

Dessa forma, pensemos mais uma vez:

À luz da sua experiência passada,
Das suas circunstâncias atuais
e das suas esperanças e sonhos futuros,
qual é a coisa mais sensata a ser feita?

CAPÍTULO 6

A questão do relacionamento

O que o amor exige de mim?

A essa altura, deve estar desconfortavelmente claro que a mesma coisa que torna as nossas questões esclarecedoras tem o potencial de torná-las um pouco aterrorizantes também. Refiro-me ao fato de que geralmente sabemos as respostas antes de terminarmos de fazer as perguntas. E, uma vez que as conhecemos, não podemos ignorá-las. Assim, uma vez que conhecemos essas perguntas, nós nos sentimos responsáveis.

É terrível.

Isso me faz lembrar de uma pergunta que o meu mentor Regi Campbell costumava fazer:

— Andy, o que você espera que eu não lhe pergunte?

E eu respondia:

— Isso é trapaça! Investigue e descubra isso por si mesmo!

Ele ria e depois repetia a pergunta:

— Então, o que você espera que eu não lhe pergunte?

Eu ainda o fazia procurar um pouco mais.

A nossa questão final pode ser a mais esclarecedora e mais aterrorizante de todas. Contudo, clareza é muitas vezes exatamente aquilo de que necessitamos para darmos um empurrão

MELHORES DECISÕES, MENOS ARREPENDIMENTOS

na nossa resistência. E *haverá* resistência a ela. Essa será a questão que fará você se sentir mais tentado a não responder honestamente. Então, mais uma vez, eu o isento da responsabilidade: você não tem de fazer *nada* com a resposta. Entretanto, saber... admitir... reconhecer... a resposta é um dever seu para consigo mesmo. O que você não conhece pode machucá-lo. O que você se recusa a reconhecer vai acompanhá-lo pelo futuro e moldar a história da sua vida. No caso da nossa questão final, o que você não sabe ou não saberá tem o potencial de machucá-lo no ponto em que você tem o potencial de mais sofrimento... os seus relacionamentos mais queridos.

Como o título do capítulo indica, esta é a questão do relacionamento.

Não nos conhecemos. Sei que falo muito isso.

Não nos conhecemos, mas sei algo sobre você. Você não visualiza um futuro em que está sozinho. Há alguém ao seu lado. Talvez esse alguém já esteja ao seu lado. A nossa questão final ajudará você a manter a pessoa ali. Talvez você esteja procurando esse alguém. Essa questão vai prepará-lo para escolher a pessoa certa. Entretanto, o benefício dessa questão vai muito além desse alguém especial. Quando ela é bem feita e bem respondida, tem o potencial de melhorar a qualidade de todo relacionamento. Tem o poder de restaurar e curar relacionamentos feridos. Tem o poder de reacender o romance. Tem o potencial de restaurar o que estava perdido.

Mais uma vez, eu o isento da responsabilidade.

Pode ser que não dê certo.

As nossas primeiras quatro questões vêm com um ROI (retorno sobre investimento) garantido. Você sempre sairá ganhando ao descobrir por que faz o que faz... de verdade. Você terá algo para mostrar ao escrever uma história que deseja contar.

A QUESTÃO DO RELACIONAMENTO

Haverá um retorno positivo, muitas vezes mensurável, ao prestar atenção na tensão e fazer a coisa mais sensata. Essas quatro questões sempre rendem um retorno favorável. Muitas vezes isso acontece imediatamente, mas a verdade é que sempre acaba acontecendo mesmo. De qualquer forma, haverá retorno. Perguntar e responder honestamente fará que a sua vida seja melhor.

A nossa quinta e última questão é diferente.

Talvez não haja um retorno tangível, mensurável ou até mesmo perceptível quando você se esforçar para respondê-la. Enquanto as quatro primeiras questões são exigentes no momento, a nossa questão final é exigente durante todos os momentos de todos os dias. A razão é que a nossa questão final não é sobre tornar a *sua* vida melhor. É sobre tornar a vida de *outra pessoa* melhor, o que tanto pode melhorar a sua vida ou não.

Então, por que se incomodar?

Que bom que você perguntou.

A nossa última questão, se você tiver a coragem de perguntar e agir de acordo com ela, vai deixá-lo em uma posição que faz você poder melhorar o *mundo*.

Então, vamos lá.

A OUTRA REGRA

Certamente, você está familiarizado com a Regra de Ouro. Múltiplas versões podem ser encontradas tanto na literatura religiosa quanto na literatura não religiosa que remonta à época de Confúcio.[1] Todas as principais religiões mundiais incluem alguma forma da famosa equação. O Evangelho de Mateus registra a versão de Jesus:

---

[1] 551-479 a.C.

"Assim, em tudo, façam aos outros o que vocês querem que eles façam a vocês; pois esta é a Lei e os Profetas."[2]

Segundo Jesus, essa máxima simples e universal "resume" as mais de 600 leis incluídas na antiga lei hebraica. Se você leu ou tentou ler a antiga lei hebraica como aparece em Levítico, Números ou Deuteronômio, sabe que isso diz muito.

Embora a Regra de Ouro seja um bom conselho, com certeza tem limitações. Mesmo essa máxima aparentemente irrefutável e universalmente aceita não atinge as expectativas da nossa quinta e última questão. Contudo, antes que você me acuse de tentar melhorar as palavras de Jesus (ou de Confúcio), saiba que foi o próprio Jesus que elevou o padrão e aumentou a aposta.

Veja o que aconteceu.

ALGO NOVO

Ao longo de seu ministério , Jesus deu a entender que algo novo estava no horizonte, algo projetado para substituir grande parte do que estava em vigor na Palestina do primeiro século. Enquanto muitos esperavam uma reforma política, Jesus tinha algo diferente em mente. Algo maior e mais inclusivo. Algo que se estenderia além de seu ministério terreno. Em certa ocasião, ele previu um novo movimento ou assembleia.[3] Em várias ocasiões, alegou ser o fim do cumprimento do *establishment* religioso corrente.[4] Alegou ser maior do que o templo, uma alegação que, se verdadeira, tornaria o templo, e tudo o que ele representava, obsoleto.[5] Para enfatizar essa questão, Jesus alegou ter

[2]   Mateus 7.12.
[3]   Ver Mateus 16.18.
[4]   Ver Mateus 5.17.
[5]   Ver Mateus 12.6 e Hebreus 8.7,13.

A QUESTÃO DO RELACIONAMENTO

a capacidade de perdoar pecados, negando assim a necessidade do sistema expiatório árduo associado ao templo.[6]

Todas essas pistas, alusões e insinuações foram concebidas para criar uma sensação de expectativa na mente e no coração dos seus seguidores. Nisso, Jesus foi bem-sucedido. Quando ele entrou em Jerusalém para a visita final, as multidões encheram as ruas para recebê-lo. As expectativas das pessoas eram políticas, majestosas e messiânicas. Jesus tinha a atenção das pessoas, mas elas não entendiam as intenções dele. Até mesmo os doze apóstolos estavam confusos quanto a seu objetivo principal. Até o final, disputavam posições de poder no reino de Israel, que logo seria revitalizado. Então, na noite em que foi preso, Jesus deixou claras suas intenções.

Assustadoramente claras.

Para começar, ele anunciou que estava prestes a partir.

"Meus filhinhos, vou estar com vocês apenas mais um pouco. Vocês procurarão por mim e, como eu disse aos judeus, agora digo a vocês: Para onde eu vou, vocês não podem ir."[7]

Vários que estavam na sala, Pedro em particular, não ouviram nada depois disso. Jesus era seu porto seguro. Onde quer que Jesus fosse, as multidões se reuniam, e seus inimigos não eram bem-vindos. Se Jesus desaparecesse, eles provavelmente também desapareceriam. E não seria no bom sentido. Além disso, por que Jesus iria partir naquele momento? Eles estavam à beira de uma revolução. O reino de Israel estava prestes a ser restaurado.

Jesus continuou.

[6]   Ver Marcos 2.5.
[7]   João 13.33.

"Um novo mandamento dou a vocês [...]"[8]

Um novo mandamento? Eles não precisavam de novos mandamentos. Os mais de 600 existentes os mantinham bastante ocupados. Além disso, anteriormente, Jesus havia reduzido toda a lista a dois: amar a Deus e amar ao próximo.[9] Então, por que acrescentar um terceiro? E por que Jesus falava em mandamentos? Eles precisavam fazer planos. Além disso, o que dava a Jesus o direito de acrescentar novos mandamentos? Agrupar e priorizar mandamentos era uma coisa. Acrescentar novos? Somente Deus tinha autoridade para isso.

E, novamente, somente Deus tinha autoridade para perdoar os pecados.

Por fim, percebeu-se que Jesus não estava acrescentando um mandamento a uma lista de mandamentos existentes, mas estava fazendo algo muito mais radical. Ele estava substituindo os existentes. E continuou:

Um novo mandamento lhes dou: Amem-se uns aos outros [...]

Claramente, Jesus não estava ordenando que eles *sentissem* algo. Estava ordenando que *fizessem* algo. Contudo, *amar uns aos outros* não era algo realmente novo. Ao que tudo indica, Jesus realmente não havia concluído. O que veio em seguida foi, digamos, impensável, mas foi algo que mudou o mundo.

O que Jesus disse em seguida é a base para a nossa quinta e última questão.

8   João 13.34.
9   Mateus 22.38-39.

A QUESTÃO DO RELACIONAMENTO

O que aconteceu em seguida superou a Regra de Ouro. Chamo-a de Regra de Platina.

"Como *eu* os amei, vocês devem amar-se uns aos outros."[10]

Isso era novo.

Isso era uma blasfêmia.

Não havia como contornar. Jesus afirmou ser o estandarte de ouro ou de platina para o amor. Aparentemente, fazer para os outros o que se esperava que os outros fizessem em troca era tão... tão século passado. Jesus instruiu os seguidores a fazer com os outros como ele havia feito com eles. Isso foi extraordinariamente pessoal para os homens sentados ao redor daquela mesa. Quando nós, cristãos, lemos: "Como eu os amei", pensamos na cruz.

Eles não.

Eles pensavam nos três anos anteriores. Talvez cada homem na sala tivesse se transportado para um momento particular no tempo em que Jesus os *amou* particularmente bem. Ele poderia ter chamado um por um.

— Mateus, lembra-se do que você estava fazendo na primeira vez em que nos vimos?

— Sim, senhor. Eu estava trabalhando para Roma na minha casa. Bem, eu era ladrão. As boas pessoas mantinham distância de mim.

— Lembra-se do que eu disse a você naquela tarde?

— Sim, senhor. O senhor me convidou para segui-lo. Ninguém jamais havia feito isso antes. Bem... ninguém de renome.

[10] João 13.34.

— Exatamente. Mateus, estenda essa mesma graça a todos os que encontrar pelo resto da sua vida. Como eu o amei...

Jesus poderia ter contornado a mesa, passando de um por um. Ame como eu o amei.

Estenda a todos os que você conhece a mesma graça e perdão que estendi a você. E ele poderia ter acrescentado: "E cavalheiros, se acham que me viram amar... apertem suas sandálias... vocês ainda não viram nada". O que eles não sabiam era que, no dia seguinte, Jesus daria uma demonstração de amor de tirar o fôlego. Sacrificaria a própria vida.

Jesus continuou:

> "Com *isso* todos saberão que vocês são meus discípulos, se vocês se amarem uns aos outros".[11]

"Isso" é um pronome demonstrativo. Lembra-se deles? Os pronomes demonstrativos são usados para indicar algo específico. Neste caso particular, é um pronome demonstrativo *singular*. Jesus apontou para algo específico, que seria *a* característica identificadora dos seus seguidores: a forma como amavam. Esse novo tipo de mandamento deveria servir como a característica unificadora e definidora para o novo movimento. A sua *ekklesia*. O novo mandamento deveria servir como a ética governante, o padrão pelo qual todo comportamento deveria ser medido para aqueles que o chamavam de Senhor.

A principal preocupação de Jesus não era que eles *acreditassem* em algo. Ele insistia que *fizessem* algo. Tinham que se amar como ele os havia amado. Os homens reunidos naquela

[11] João 13.35.

noite tiveram um indício de como aquilo poderia ser. Em poucas horas, tudo ficaria surpreendentemente claro.

ONDE OS ANJOS TEMEM

O novo mandamento de Jesus envolvia outra mudança sutil e ao mesmo tempo marcante na ordem mundial. Jesus não amarrou o novo mandamento à âncora na qual todos os mandamentos religiosos estavam tradicionalmente amarrados: amor, temor e dedicação a Deus. Jesus amarrou o novo mandamento a si mesmo. Mais uma vez, inseriu a si mesmo em uma equação em que os meros mortais não tinham direito algum de se inserir.

O teste decisivo para ser um fiel seguidor de Jesus não era a adoração ritualística e pagã de um Deus invisível e distante, que acontecia um dia por semana como se fosse um festival.

Seguir Jesus não equivalia a procurar caminhos para chegar mais perto do Deus que morava lá fora, lá em cima, em algum lugar. Os seguidores de Jesus demonstravam devoção a Deus colocando a pessoa ao lado deles na frente deles. Os verdadeiros seguidores de Jesus não autenticavam seu amor a Deus ao olhar para cima; eles autenticavam sua devoção ao olhar ao redor.

Mas a mudança não parou por aí.

Visivelmente ausente das instruções do novo mandamento de Jesus estava uma referência aberta ao seu direito divino de exigir tal fidelidade e obediência. No que é possivelmente o seu conjunto de instruções determinantes para o futuro, Jesus recusou-se a colocar Deus na jogada. Mesmo nessa troca final, se-você-esquecer-tudo-o-que-eu-disse, Jesus não tirou proveito de sua santidade, de sua justiça pessoal e nem mesmo de sua autoridade moral concedida por Deus.

Jesus utilizou o próprio exemplo: [12] a forma como ele amava.

O amor de Jesus *pelos* homens na sala foi o que ele utilizou para *instruí-los* e *inspirá-los*, em vez de usar *sua* autoridade *sobre* eles. Os homens naquela sala não o veriam sentado em um trono judaico. Eles o veriam crucificado em uma cruz romana. Era seu sacrifício sangrento e corajoso, não uma santidade baseada em "manter as mãos limpas", que obrigava seus discípulos a finalmente pegar as próprias cruzes e segui-lo.

Se você é cristão, isso pode surpreendê-lo.

Alguns anos depois, isso surpreenderia Paulo:

> Em seus *relacionamentos* com *outras pessoas*, tenham a mesma mentalidade de Cristo Jesus, que, sendo Deus por natureza, não considerou sua igualdade com Deus *algo a ser usado em benefício próprio...*

Jesus nunca colocou Deus na jogada.

> ... pelo contrário, ele se *rebaixou* voluntariamente, tomando a natureza de um servo, fazendo-se semelhante aos seres humanos. E, ao se manifestar como homem, humilhou a si mesmo e se fez obediente até a morte.

E não se trata de qualquer morte, mas de uma morte que nenhum mero mortal voluntariamente se submete.

... e morte de cruz![13]

Jesus não tirou proveito de sua igualdade com Deus para motivar os seguidores a agir.

---

[12] João 13.15.
[13] Filipenses 2.5-8, ênfase acrescentada.

A QUESTÃO DO RELACIONAMENTO

Ele usou seu amor.

Jesus não ancorou o novo mandamento a seu direito divino como rei. Ele o ancorou a seu amor sacrificial. Por que seus discípulos obedecem a seu mandamento de amar? Porque ele os amou primeiro. Ele os amou mais. Eles teriam que fazer com os outros como Jesus já havia feito... e estava prestes a fazer... com eles. Horas depois, Jesus deu uma demonstração de amor que não só tirou o fôlego de todos, como também tirou suas desculpas, juntamente com as nossas. Jesus utilizou o amor altruísta para compelir seus seguidores a amar.

> "Com *isso* todos saberão que vocês são meus discípulos, se vocês se amarem uns aos outros."[14]

O novo mandamento abrangente de Jesus era muito *menos* complicado do que o sistema vigente. Porém era muito *mais* exigente. Não há brechas nem rodeios nesse tipo de amor.

REGRAS BÁSICAS

Sandra e eu somos pais adotivos. Ao longo dos anos, tivemos por volta de uma dúzia de crianças entrando e saindo da nossa casa. Eram sempre grupos de irmãos. A nossa filha adotiva permanente veio morar conosco pela primeira vez quando tinha 10 anos. Ela e as duas irmãs moraram conosco por quatro meses antes de se mudarem com outra família que tentava adotá-las. Para encurtar a história, as irmãs acabaram sendo adotadas por aquela família, mas Sierra optou por não participar do processo de adoção e foi morar em uma casa

---

[14] João 13.35.

de acolhimento.[15] Depois de outro curto período com uma segunda família adotiva, ela foi parar em uma segunda casa de acolhimento. Foi quando voltamos para a vida dela e a trouxemos para casa para morar conosco em tempo integral. Na ocasião, Sierra tinha 15 anos.

Geralmente há um período de lua de mel com os filhos adotivos. Como Sierra esteve na nossa casa entre indas e vindas por mais de cinco anos, a lua de mel foi curta. Lembro-me da tarde em que terminou. Sierra desceu as escadas com um olhar mais sombrio do que de costume, sentou-se no balcão da cozinha e disse: — Certo, então quais são as regras?

Conhecíamos Sierra tempo suficiente para saber que ela não estava perguntando para garantir não quebrar acidentalmente as nossas regras, mas para que pudesse descobrir como contorná-las. Aquele era o seu *modus operandi*, e o fato de que éramos sua terceira família adotiva pode ter contribuído para isso.

É o que eu acho.

Eu sorri e disse:

— Sierra, você está com a nossa família tempo suficiente para saber que não é assim que funciona conosco. Não temos uma lista de regras.

E não tínhamos. Nunca tivemos. Ainda não temos. Quando os nossos três filhos eram pequenos, tínhamos duas regras: Honre a sua mãe e não minta. Não exigi que os nossos filhos me honrassem. Se eles honravam Sandra, era suficiente. Honrar alguém importante para mim era toda a honra de que eu precisava. Quando não honravam a mãe, tinham de lidar comigo.

Quando se tratava de dizer a verdade, o meu mantra era: "Crianças, a pior coisa que podem fazer é mentir...

---

[15] Sierra é um nome fictício.

A QUESTÃO DO RELACIONAMENTO

Porque mentir quebra um relacionamento. E não quero que o nosso relacionamento seja quebrado".

Enfim.

Sierra queria uma resposta, então pedi que esperasse enquanto fui ao meu escritório em casa, peguei um cartão, escrevi uma única palavra nele e o levei de volta à cozinha. Deslizei o cartão para o outro lado do balcão e disse:

— É assim que fazemos aqui.

O cartão dizia: HONRA.

Ela revirou os olhos, empurrou a banqueta e subiu para o quarto. Nunca tocou no cartão. Deixei o escrito sobre o balcão por vários dias. Ainda o tenho. Adoraria relatar que a minha resposta esclarecedora e bem criativa revolucionou a vida de Sierra.

Isso não aconteceu.

Não a impressionou de forma alguma.

Ela queria regras. Queria regras porque queria o controle. Dê-me cinco regras e encontrarei uma brecha. Dê-me dez regras e encontrarei ainda mais brechas. Quando falo sobre princípios com pastores, costumo dizer: "Dê-me a Bíblia inteira e encontrarei justificativas para quase todo o tipo de comportamento sobre o qual se necessite de justificativas". Geralmente esse é um momento em que todos ficam em silêncio, pois entendem exatamente o que quero dizer.

As regras criam espaço de manobra. Você já teve 16 anos. E se lembra como é...

"Você disse que tenho de voltar para casa às 9. Não disse 9 da noite."

Contudo, esse tipo de pensamento não termina com desenvolvimento do lobo frontal.

"O manual da empresa não menciona isso especificamente, então deve estar tudo bem."

"Tecnicamente, eu não..."

"Não há lei contra..."

"Tudo o que eu disse foi..."

Sierra tem 21 anos agora. Ela me deu permissão para contar a nossa história. A nossa cultura de honra fez pouco para conter sua busca por fazer as coisas do jeito dela. Contudo, certamente criou a base da relação que temos com ela hoje. Relacionamentos são construídos com base em honra e respeito mútuo, não com base em regras.

E isso nos leva finalmente à nossa pergunta final. A questão do relacionamento. A questão que abre o caminho para a saúde relacional, mas não garante que a outra pessoa escolherá caminhar com você; a questão que estabelece uma base para relacionamentos mutuamente benéficos, mas que vem sem a promessa de que a outra pessoa escolherá construir sobre ela. É uma questão que introduz com uma clareza inevitável quase toda decisão moral, ética e relacional que encontrar. A nossa última pergunta nos leva ao coração do novo mandamento de Jesus, o padrão que exige que os seguidores avaliem seu comportamento, suas conversas e suas atitudes, uma questão que me apresso a convidar até mesmo os céticos religiosos a adotar, por suas propriedades e pelo potencial curativo nas relações.

Pergunta número 5: A questão do relacionamento
O que o amor exige de mim?

Essa pergunta esclarecedora, mas aterrorizante, deve guardar a nossa consciência. Deve servir de guia, sinalizador e bússola à medida que navegamos pelas inevitáveis complexidades inerentes de cada relacionamento. Deve informar como namoramos, como criamos os nossos filhos, como damos ordens, como gerenciamos e orientamos outras pessoas. Deveria formar um perímetro em torno daquilo que dizemos e fazemos nos nossos papéis como cônjuges, colegas de trabalho e vizinhos.

Essa pergunta dá voz à vontade de Deus para nós em questões nas quais a Bíblia, assim como todas as outras literaturas religiosas, silencia. Preenche as lacunas com uma precisão inquietante. É bem-sucedida sempre que as concordâncias falham. Anula a justificativa insípida: "Mas a Bíblia não diz que há algo de errado com _____". Fecha as brechas. Expõe a hipocrisia. Faz o papel de juiz e de júri. É tão simples. Contudo, é tão inquestionavelmente exigente.

A nossa questão final, impulsionada e anunciada por Jesus pelo *mandamento* "como eu os amei", interliga-se com todos os cenários relacionais imagináveis. Todos nos sentimos tentados às vezes a perguntar, ou todos questionamos como nos bastamos com tão pouco nos relacionamentos... e isso é exatamente a mesma coisa que não queremos que a pessoa do outro lado pense. Essa pergunta nos chama a prestar contas. Quando apresento esse conceito publicamente, muitas vezes peço ao público que memorize o seguinte:

> Quando você não tiver certeza do que dizer ou do que fazer, pergunte o que o amor exige de você.

Não precisamos de capítulo e versículo. Temos algo melhor. A saber, o novo, abrangente e inevitavelmente simples mandamento de Jesus. Devemos fazer aos outros como o nosso Pai celestial, por meio de Cristo, fez conosco. Ele fez o que era melhor para nós. Em contrapartida, devemos fazer o que é melhor para os outros, mesmo quando os outros consideram aceitável algo que seja menos do que o melhor.

Imagino que você seja inteligente o bastante e emocionalmente maturo o suficiente para saber o que o amor exige de você 90% do tempo. Quando se trata dos outros 10%, provavelmente há várias pessoas ao redor que estariam dispostas a ajudá-lo a classificar as opções. Se você tem alunos do ensino fundamental ou médio na sua casa, talvez se sinta mais como uma proporção 70/30 ou 60/40. Criar os filhos... digamos... não é algo para os fracos de coração. De qualquer forma, quase sempre sabemos o que o amor exige.

Contudo, caso você precise de ajuda...

DEFININDO TERMOS

Se *amor* não é um termo suficientemente específico, não se preocupe. As instruções e diretrizes espalhadas por todo o Novo Testamento servem como aplicações do mundo real de como é o novo mandamento de amor de Jesus. Esses imperativos do Novo Testamento esclarecem o que se exige dos que têm a coragem de perguntar. Os autores do Novo Testamento não acrescentaram o "novo mandamento" de Jesus. Simplesmente o aplicaram para seus leitores. E para nós.

O apóstolo Paulo nos fornece as aplicações mais claras. Em sua carta aos cristãos que viviam na província romana da Galácia, ele insiste que, quando se trata de relacionamentos, Deus sempre nos incentivará na direção da bondade, da gentileza, da mansidão, da fidelidade e do domínio próprio.[16]

Na dúvida, maximize tudo isso.

Entretanto, essa é a lista resumida.

[16] Gálatas 5.22.

A QUESTÃO DO RELACIONAMENTO

O QUE O AMOR EXIGE

A descrição mais detalhada de Paulo sobre como o amor do mundo real funciona está em sua primeira carta aos cristãos que viviam em Corinto no primeiro século. Essa passagem em particular é bem familiar, mas temo que não crie nem mesmo uma ondulação na consciência da maioria dos leitores modernos. Relegamos essas palavras a casamentos e canções de amor. Isso é lamentável. A descrição convincente e esclarecedora de Paulo sobre como o amor funciona é o estandarte de ouro. Como muitos de nós estamos tão familiarizados com as palavras de Paulo, escolhi apresentá-las como uma resposta à nossa pergunta: O que o amor exige de nós?[17]

Vamos lá.

O amor exige paciência.[18] O amor não é exigente. O amor exige que eu me movimente no seu ritmo em vez de exigir que você se movimente no meu.

O amor exige bondade.[19] A bondade é a resposta do amor à fraqueza. A bondade é a escolha de emprestar a nossa força aos outros em vez de lembrá-los de suas fraquezas. É fazer pelos outros o que eles não podem fazer por si mesmos naquele momento.

O amor exige que não deixemos que a inveja e o orgulho interfiram na nossa capacidade de celebrar o sucesso dos outros.[20] O amor exige que deixemos os outros brilharem. Não é ameaçado pelo sucesso dos outros.

---

[17] O trecho a seguir é uma adaptação de 1Coríntios 13.
[18] 1Coríntios 13.4.
[19] 1Coríntios 13.4.
[20] 1Coríntios 13.4.

O amor exige que honremos aos outros. O amor nunca trata outra pessoa de forma desonrosa, vergonhosa ou indecente.[21] O amor não cria arrependimento. Afinal, a honra está no centro de todo relacionamento satisfatório.

O amor exige altruísmo. O amor não é egoísta.[22] Prioriza os interesses e as necessidades dos outros. O amor por si só resolveria a maioria dos problemas de relacionamento.

O amor exige que a nossa raiva seja conduzida em particular, em vez de permitir que se espalhe pelas pessoas ao nosso redor. O amor exige que o reconheçamos como a base do nosso trabalho. Paulo diz que o amor "não se irrita facilmente".[23] O amor não se agita nem se provoca com facilidade. Em vez disso, absorve e deixa a história da outra pessoa à frente da nossa.

O amor exige que perdoemos. O amor "não guarda rancor".[24] Isso é até engraçado para quem fica guardando na memória momentos ruins da relação quanto à outra pessoa, mas nunca quanto a si mesmo. Você gosta quando flagra o seu cônjuge ou companheiro fazendo besteira? Isso está errado. Perdoar e fingir esquecer é a melhor opção. É isso o que o amor exige. Fazer o contrário é um jogo de poder. Quando alguém usa o passado contra você, quem está na posição mais elevada? O amor não está relacionado a quem tem mais poder. O amor está relacionado a ceder.

Os descritores finais de Paulo são mais bem entendidos em conjunto, como uma grande ideia de virada de jogo.

[21] 1Coríntios 13.5.
[22] 1Coríntios 13.5.
[23] 1Coríntios 13.5.
[24] 1Coríntios 13.5.

A QUESTÃO DO RELACIONAMENTO

O amor não se alegra com a injustiça, mas se alegra com a verdade. Tudo sofre, tudo crê, tudo espera, tudo suporta.[25]

O amor exige que vejamos e acreditemos no melhor enquanto escolhemos minimizar o restante. Podemos muito bem acreditar no melhor a respeito dos outros. Nada se ganha fazendo o contrário. O amor escolhe uma *explicação generosa* quando os outros não atendem às nossas expectativas.

Paulo diz que o amor "sempre protege". O amor exige que façamos tudo ao nosso alcance para *proteger* ou cuidar do relacionamento. Tradução: O amor não traz coisas tóxicas para um relacionamento. Faz exatamente o contrário. O amor mantém as coisas tóxicas distantes.

Essa é uma lista e tanto.

Contudo, é isso que o amor exige.

É por isso que a nossa quinta pergunta não é para os fracos de coração.

Mas antes de ir procurar uma caneta para riscar *cinco perguntas*... e substituir por *quatro perguntas*... pense no seguinte. Não são os adjetivos e os verbos nas listas de Paulo as mesmas coisas que você espera das pessoas mais próximas? Do seu cônjuge, noivo, parceiro, filhos? Não é isso o que você espera dos seus amigos, vizinhos e colegas de trabalho? De certa forma, você espera que as pessoas que mais ama mostrem alguma forma de tudo o que foi mencionado anteriormente. Se estes são os comportamentos e as respostas que conscientemente ou inconscientemente esperamos dos outros... não deveríamos exigi-los de nós também?

[25] 1Coríntios 13.6,7.

MELHORES DECISÕES, MENOS ARREPENDIMENTOS

Não seria necessário dizer, mas vou dizer de qualquer maneira: quando duas pessoas ou duas partes adotam essa abordagem, coisas incríveis acontecem. Não há praticamente obstáculo que não possa ser superado. Se isso parece uma hipérbole, pense novamente no seu último conflito relacional ou no trabalho. E, se você e o seu supervisor, parceiro, associado ou funcionário tivessem abordado a conversa depois de terem decidido proteger a relação e não desonrar a outra parte? O tom teria sido diferente? O resultado teria sido diferente? Provavelmente.

Pense no seu conflito mais recente com um familiar ou outra pessoa importante. Será que o tom e a temperatura da conversa teriam sido diferentes se ambas as partes tivessem decidido não ser *egoístas* e *proteger* o relacionamento a todo custo? Decidir *proteger* antecipadamente a integridade de um relacionamento redefine o que significa vencer. O amor não procura ganhar a discussão. O amor procura proteger o relacionamento. Além disso, ninguém sempre *ganha* uma discussão quando a família está envolvida. Tenho visto muitos pais *ganharem* todas as discussões e perderem seus filhos no processo.

Então, o que o amor exige de você?

Talvez exija que você feche este livro, levante-se da cadeira, entre na cozinha ou no quarto e peça desculpas.

Vou esperar.

Talvez exija que você pegue o telefone e reconstrua uma ponte que queimou com a sua lógica e o seu sarcasmo irrefutáveis. Você estava certo! Contudo, *estar certo* não era o que o amor exigia de você. Talvez seja preciso escrever uma carta. Reescrever um *e-mail*. Convidar alguém para um café. E *não*, a outra parte pode não estar interessada no que o amor exige de você. Pode não ter interesse no que o amor exige *deles* também.

Eu avisei.

Não há retorno garantido sobre o investimento com essa pergunta.

Mas é assim que tornamos o mundo melhor. E, se formos honestos, é assim que queremos ser tratados pelos outros. Então, essa é a nossa quinta e última decisão... caso você escolha decidir.

Decisão número 5: A decisão do relacionamento
Vou decidir com os interesses dos
outros em mente.

NEM SEMPRE CLARO

Nem sempre tenho certeza sobre em que acreditar. As minhas opiniões sobre uma variedade de tópicos se transformaram, evoluíram ou mudaram completamente ao longo dos anos. Isso inclui as minhas opiniões sobre criação de filhos, política, casamento, liderança e dinheiro, apenas para citar alguns temas. Uma das coisas humilhantes sobre ser um pastor é que as minhas opiniões sobre quase tudo são documentadas em algum lugar em um disco rígido. Todo pregador que conheço desejaria poder voltar e refazer a pregação, excluí-la ou apagar algumas mensagens antigas. As nossas intenções eram boas, mas a vida engole tudo. Os filhos chegam. Uma tragédia acontece. Crescemos. Amadurecemos. Vemos o mundo de forma diferente. O mundo não muda; nós mudamos.

Se você é honesto, nem sempre sabe no que acreditar. Mas anime-se. Até mesmo o apóstolo Paulo, com o conhecimento, a sabedoria e a impressionante experiência, estava no mesmo barco. No final de sua descrição desafiadora sobre o que o amor exige, ele concluiu da seguinte forma:

> Pois em *parte* conhecemos e em *parte* profetizamos; quando, porém, vier o que é *perfeito*, o que é *imperfeito* desaparecerá.[26]
>
> Agora, pois, vemos apenas um reflexo obscuro, como em espelho; mas, então, veremos face a face. Agora conheço *em parte*; então, conhecerei *plenamente*, da mesma forma como sou plenamente conhecido.[27]

Assim como nós, Paulo tinha perguntas. Ele só sabia "em parte". Havia coisas que nem ele conseguia resolver, perguntas ele não conseguia responder. E isso veio do homem que nos forneceu metade do Novo Testamento. Se Paulo sabia apenas em parte, o que eu sei? O que você sabe? Nos nossos melhores dias, sabemos "em parte". Mas a parte que torna sua admissão tão fascinante está no contexto; e isso se intercala nas seguintes linhas:

> O amor nunca perece; mas as profecias desaparecerão, as línguas cessarão, o conhecimento passará.[28]
>
> Assim, permanecem agora estes três: a fé, a esperança e o amor. O maior deles, porém, é o amor.[29]

O significado é claro.

Sabemos o que sabemos, mas não sabemos tudo.

Vemos o que vemos, mas não podemos ver tudo.

Uma vez que aprendemos tudo o que podemos aprender, ainda haverá mais para aprender.

---

[26] 1Coríntios 13.9,10, ênfase acrescentada.
[27] 1Coríntios 13.12, ênfase acrescentada.
[28] 1Coríntios 13.8.
[29] 1Coríntios 13.13.

A QUESTÃO DO RELACIONAMENTO

Acreditamos no que acreditamos, mas as nossas crenças são limitadas pelo que sabemos, vemos e experimentamos. Mesmo que o nosso conhecimento e as nossas crenças estejam em mudança constante, uma coisa não está. Há uma coisa que transcende o nosso conhecimento limitado, as nossas percepções e a nossa experiência.

O amor.

O amor preenche as lacunas. O amor reduz o atrito criado pela nossa percepção limitada, pelo nosso conhecimento e pelas experiências que reprimem as opiniões. Há muito mais coisas que não sei. Existem coisas que nunca entenderei. Mas a minha ignorância não me impede de colocar os outros em primeiro lugar.

Então, embora eu nem sempre tenha certeza sobre no que acreditar, e enquanto os meus pontos de vista sobre uma variedade de coisas continuam a amadurecer e a mudar, quase sempre sei o que *o amor exige de mim*.

Aposto que você também sabe.

Conclusão

Comecei a nossa jornada com histórias sobre a relutância do meu pai em me dizer o que fazer quando eu não sabia o que deveria ser feito. Em última instância, isso fez de mim um tomador de decisões melhor e me deu uma capacidade maior para decidir, fazendo que eu valorizasse a relação entre as *boas perguntas* e as *boas decisões*. Contudo, o investimento dele no meu futuro certamente foi além de fazer perguntas inconvenientes. Por volta da época em que completei 5 ou 3 anos, o meu pai começou a me encorajar a fazer algo que continuo fazendo até hoje.

Ele sugeriu que eu começasse a pedir a Deus que me mostrasse a vontade dele para a minha vida.

E foi isso o que fiz.

Todas as noites, eu concluía a minha rotina de oração antes de dormir, dizendo: "... e, por favor, mostre-me a sua vontade para a minha vida, amém."

Infelizmente, foi nessa mesma época que os meus pais me apresentaram essa narrativa perturbadora do Antigo Testamento em que Deus fala audivelmente a um menino no quarto no meio da noite.

Você conhece a história?

Na verdade, não sabemos em que série Samuel estava quando isso ocorreu. Mas sabemos que ele era jovem. Se vocês não conhecem a história, ei-la aqui: a mãe de Samuel, Ana, tinha problemas para engravidar. Ela e o marido, Elcana, haviam tentado engravidar por anos, mas sem sucesso. Para piorar a situação, Elcana tinha duas esposas. Penina, a esposa número dois, não tinha problemas para engravidar. Então Ana se sentia muito angustiada. Em seu desespero, prometeu a Deus que, se ele lhe desse um filho, ela o entregaria para servir da maneira que Deus escolhesse. Deus concedeu a ela o pedido, e ela deu a seu filho o nome de Samuel. Fiel a seu voto, ela o levou ao profeta Eli e o deixou ali para servir ao lado do profeta idoso.

Até aqui, tudo bem.

Então, certa noite, o jovem Samuel ouve uma voz chamando seu nome. Ele supõe que seja Eli, então corre para a cabeceira do profeta. Acontece que não era Eli. Isso acontece mais duas vezes. Eli percebe que algo está acontecendo e diz a Samuel que, se ele ouvir a voz novamente, deve responder: "Fala, SENHOR, pois o teu servo está ouvindo".[1] Com certeza, era a voz de Deus. E Deus lhe dá um vislumbre do futuro.

A moral da história, de acordo com os meus pais, pelo menos, era manter os ouvidos abertos para a remota possibilidade de Deus decidir falar comigo como fez com o pequeno Samuel. E, se isso acontecesse, eu deveria responder da mesma forma que Samuel.

No entanto...

Estou confiante de que, se Deus... ou qualquer outra pessoa nesse sentido... sussurrasse o meu nome no meio da noite,

---

[1] 1Samuel 3.9.

CONCLUSÃO

os meus pais teriam que trocar os meus lençóis no meio da mesma noite. O deles também. Certamente eu passaria o restante da noite enfiado no meio deles.

Agora, você pode pensar que estou inventando a continuação da história, mas não estou. Fiquei tão perturbado com a ideia de Deus falando comigo no escuro que realmente fiz um adendo às minhas orações: "... mas não esta noite. Por favor, mostre-me a sua vontade durante o dia".

Não estou mentindo.

Durante o ensino médio, muitas vezes eu me perguntava se tinha deixado a vontade de Deus passar despercebida. Eu nem sempre estava atento naquele período da vida em particular. Verdade seja dita, houve ocasiões em que eu esperava que Deus estivesse ocupado mostrando aos outros sua vontade para a vida deles. Eu tinha uma boa ideia do que queria fazer com a minha e estava confiante de que as nossas vontades não se alinhavam.

Contudo, apesar das minhas dúvidas de infância e do meu mau comportamento na adolescência, continuei a pedir a Deus que me mostrasse sua vontade. Com o tempo, a minha pergunta passou a ser mais direcionada. Comecei a pedir a Deus que me mostrasse sua vontade em relação a amigos, namoradas, empregos, faculdade e oportunidades de verão. Quase tudo. E estou feliz por ter feito isso. Esse simples hábito manteve o meu olhar para cima e para a frente. Deu-me um sentido do destino. Se Deus tivesse uma vontade ou um plano para a minha vida, eu certamente não deixaria passar. Se Deus tinha um plano para a minha vida, o que poderia ser mais importante?

Então, quando os meus filhos tinham idade suficiente para começar a desenvolver uma fé própria, encorajei-os a pedir a Deus que mostrasse a eles sua vontade para a vida deles.

E, assim como eu, eles aderiram à mesma prática ao final de suas orações noturnas: "... e por favor mostre-me sua vontade para a minha vida. Amém".

Contudo, não usei a história de Samuel para convencê-los.

UMA VONTADE PARA A SUA VIDA

Sempre houve um debate entre as pessoas de fé sobre o fato de Deus ter um plano específico para cada indivíduo. Há argumentos para ambos os lados nesse debate. No entanto, há sessenta e dois anos, sigo pedindo a Deus que me mostre sua vontade.

Você achou que a essa altura da vida eu já teria essa resposta, não é mesmo?

Então, por que pedir?

Pelos mesmos motivos que sempre pedi. Isso mantém o meu olhar para cima e para a frente. Continua dando a mim um sentido de destino. Além disso, surgem novos capítulos com novas oportunidades e desafios que exigem uma nova percepção e compreensão. Cada período da vida me deixou mais dependente e mais necessitado de graça e direção. A minha experiência confirmou o que só suspeitava quando adolescente: *nada é mais gratificante*. Não há paz como a paz que vem de saber que você está em sintonia com a vontade de Deus para a sua vida.

Caso você esteja se perguntando se ainda precisa ouvir uma voz no meio da noite, digo-lhe que nunca ouvi uma voz no meio do dia também. Algo em mim ainda prefere não ouvir!

Talvez você se pergunte o que tudo isso tem a ver com as nossas cinco perguntas.

Em retrospectiva... tudo.

As nossas cinco perguntas são mais do que um filtro para a tomada de decisão. Elas vão guiar você na direção da vontade

CONCLUSÃO

geral de Deus para a sua vida. E... e isso é importante... elas vão posicioná-lo a discernir ou reconhecer sua vontade *pessoal* para a sua vida também.

De modo geral, é a vontade de Deus que todos sejam honestos consigo mesmos... de verdade. É a vontade de Deus que todos prestemos atenção em qualquer coisa que afete a nossa consciência. É a vontade de Deus que cada um de nós levemos em conta as nossas experiências passadas, as nossas circunstâncias atuais e as nossas esperanças e sonhos futuros. É a vontade de Deus que entendamos o que o amor exige de nós. Assim, cada uma das nossas cinco perguntas nos leva na direção da vontade geral de Deus para a nossa vida. Sua vontade *geral* é direcional. Na maioria dos casos, é a única direção de que precisamos.

Quando escolho dizer a verdade a mim mesmo, até quando a verdade me faz sentir mal comigo mesmo, *vejo o caminho* a ser seguido. Quando escolho explorar em vez de ignorar a minha consciência, ganho *clareza*. Quando paro no meio da decisão para perguntar qual é a coisa mais sensata a ser feita, geralmente sei antes de acabar de fazer a pergunta. Quando me sinto tentado a ganhar uma discussão à custa de um relacionamento e me lembro de que preciso levar em consideração o que o amor exige de mim, as minhas defesas baixam. Quando tenho a presença de espírito de considerar a história que quero contar, escolho a melhor história.

Mas isso não é tudo.

Organizar a nossa vida em torno dessas cinco perguntas nos mantém em uma postura de submissão. Elas mantêm o nosso olhar para cima. Uma postura de submissão torna mais fácil para nós discernir mais facilmente a *vontade pessoal* de Deus para a nossa vida. E, para que você não pense que estou inventando tudo isso, o apóstolo Paulo disse, mil anos atrás, em sua famosa carta aos cristãos que viviam em Roma:

> Portanto, irmãos, rogo-lhes pelas misericórdias de Deus que se ofereçam em sacrifício vivo, santo e agradável a Deus; este é o culto racional de vocês.[2]

Tradução: Submeta-se a Deus; é a coisa lógica a ser feita. Afinal, ele é Deus. O que vem em seguida é a parte mais conhecida e talvez a parte mais instrutiva também:

> Não se amoldem ao padrão deste mundo, mas transformem-se pela renovação da sua mente [...].[3]

Todas as nossas cinco perguntas se encaixam perfeitamente na renovação da mente. Todas as cinco apresentam nítido contraste com *o padrão deste mundo*. O padrão deste mundo é... digamos... o padrão do mundo: minta para si mesmo sobre si mesmo para não se sentir mal consigo mesmo. Ignore a consciência. Ignore a sabedoria e aproxime-se do desastre. Faça o que quer fazer, não o que o amor exige de você. Escreva uma história que faça de você um mentiroso por toda a vida; uma história que você espera nunca ter de contar.

O que Paulo escreve a seguir serve como a cola que liga as nossas cinco perguntas com a vontade *pessoal* de Deus para a nossa vida.

Ele escreve:

[2] Romanos 12.1.
[3] Romanos 12.2.

CONCLUSÃO

Para que...

... assim você possa comprovar e aprovar qual é *a vontade de Deus*...

Essa é a conexão.

Renovar a nossa mente nos posiciona para discernir, descobrir ou entender a vontade *pessoal* de Deus, a vontade dele para *você*. De acordo com Paulo, renovar a nossa mente nos prepara para ouvir a Deus nas ocasiões em que sua vontade geral não é o suficiente.

Paulo conclui sua reflexão com uma descrição da vontade de Deus para você:

[...] para que sejam capazes de experimentar e comprovar a boa, agradável e *perfeita* vontade de Deus.[4]

ENCERRAMENTO

Boas *perguntas* levam a melhores *decisões*. As suas decisões determinam a direção e a qualidade da sua vida. As suas decisões servem como a estrutura para a história da sua vida. Dessa forma, escreva algo bom. Ao mesmo tempo que não há nada que possa ser feito sobre as decisões que você escolheria voltar no passado para desfazer, lembre-se disso: os seus arrependimentos são apenas *parte* da sua história. Não precisam ser *a* história. O seu passado deve ser uma *lembrança,* mas não é ele que o *define.*

Comece hoje a incorporar as nossas cinco perguntas no ritmo da sua vida. Decida dizer a verdade a si mesmo até quando

4 Romanos 12.2.

ela o fizer se sentir mal consigo mesmo. Explore a sua consciência em vez de ignorá-la. Eleve o seu padrão de vida do aceitável para o sensato. Faça o que o amor exige de você. Escreva uma história da qual você tenha orgulho de contar, uma história caracterizada por melhores decisões, menos arrependimentos.

Apêndice:

As cinco perguntas

1. A questão da integridade
   Estou sendo realmente honesto comigo mesmo?

   Decisão número 1: Não vou mentir para mim mesmo, ainda que a verdade me faça sentir mal comigo mesmo.

2. A questão do legado
   Que história quero contar?

   Decisão número 2: Escreverei uma história da qual terei orgulho de contar ao tomar uma decisão por vez.

3. A questão da consciência
   Há alguma tensão que mereça a minha atenção?

   Decisão número 3: Vou explorar a minha consciência em vez de ignorá-la.

MELHORES DECISÕES, MENOS ARREPENDIMENTOS

4. A questão da maturidade
   Qual é a coisa mais sensata a ser feita?

   Decisão número 4: Vou levar o passado, o presente
   e o futuro em consideração.

5. A questão do relacionamento
   O que o amor exige de mim?

   Decisão número 5: Decidirei tendo os interesses
   dos outros em mente.

Agradecimentos

Nenhum livro é produto de esforço individual. Este livro certamente não é exceção. A semente para este livro foi plantada anos atrás pelo meu pai, o dr. Charles Stanley. Quando eu era criança, suas perguntas eram persistentes e às vezes inquietantes e me ajudaram a ligar os pontos entre as boas perguntas e as boas decisões. Obrigado, pai!

No que diz respeito ao editorial, sou grato aos meus amigos da Zondervan, a John Raymond em particular. Obrigado por me permitir aproveitar de sua reputação e alcance. Um bom editor faz que um autor seja melhor. Zondervan me fez melhor.

Facilitar o caminho das ideias de um autor até que um produto final possa estar nas mãos de alguém é algo cheio de intermináveis detalhes, labirintos e atrasos. Este projeto nunca teria saído do ponto de partida, nem teria chegado à reta final sem o foco, o tempo e a energia implacáveis de Suzy Gray. Suzy, sua paixão imediata por este conteúdo foi o que me lançou em mais uma maratona editorial. Sua vida, sua fé e sua história são um lembrete constante de que um "você" é sempre mais importante do que uma "opinião". A sua vida é certamente uma história que vale a pena ser contada. Obrigado!